GW01606999

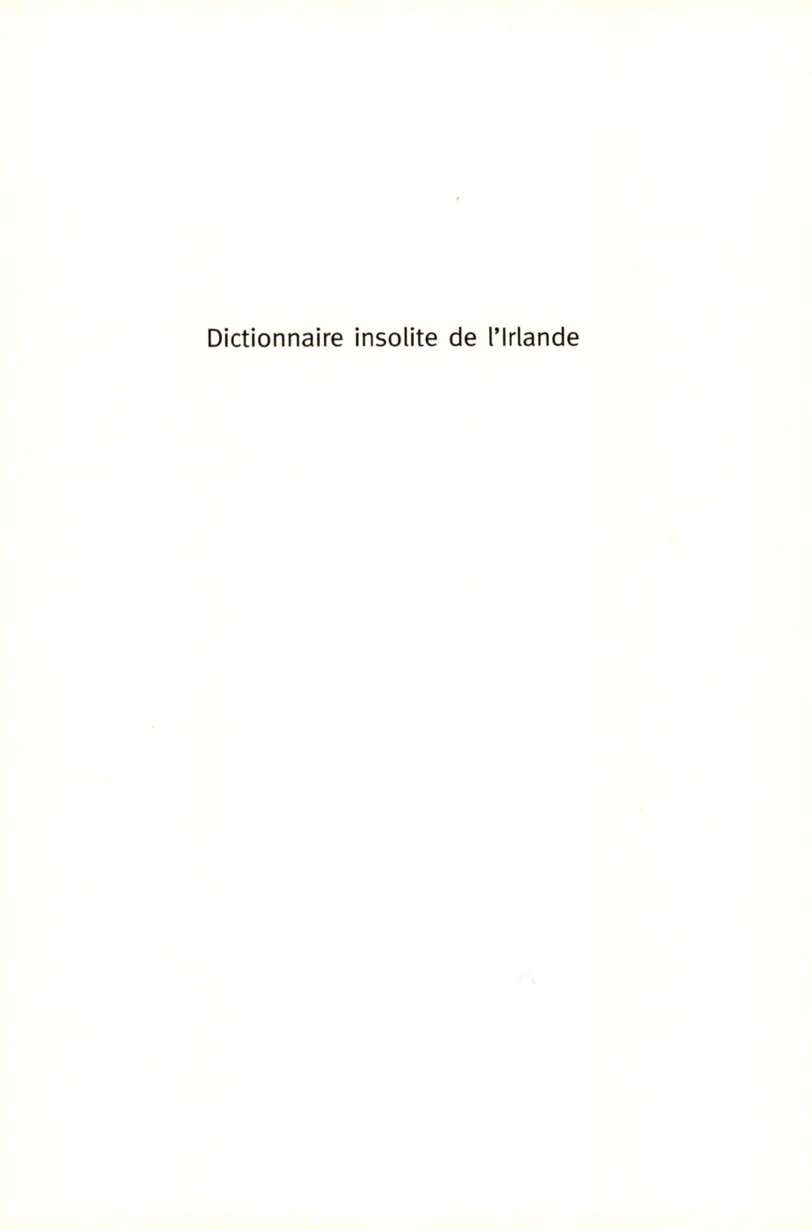

Dictionnaire insolite de l'Irlande

Dictionnaire insolite
de l'Irlande

Alain Pozzuoli

COSMOPOLE

Dans la même collection

Andalousie • Argentine • Australie • Barcelone • Belgique • Berlin • Birmanie • Bretagne • Brésil • Californie • Cambodge • Cap-Vert • Chine • Chypre • Corée du Sud • Corse • Crète • Cuba • Écosse • Égypte • Équateur • Finlande • Florence • Floride • Grèce • Guatemala • Hongrie • Inde • Inde du Sud • Indonésie • Islande • Israël • Italie • Japon • Jérusalem • La Réunion • Liban • Lisbonne • Londres • Madagascar • Madrid • Malaisie • Maroc • Mexique • Naples • New York • Norvège • Nouvelle-Zélande • Pays baltes • Pays-Bas • Pays basque • Pologne • Québec • Rome • Roumanie • Russie • Sénégal • Sicile • Sri Lanka • Suède • Suisse • Tahiti • Taïwan • Tel Aviv • Thaïlande • Turquie • Venise • Vietnam • Voyage

Dans la collection thématique

Le chat • Les frontières • Les îles • La mer • Les paquebots • L'Union européenne

Également aux éditions Cosmopole

Variations sur la Grèce • Variations sur le Portugal

Collections dirigées par Patrick Arfi et Vanessa Pignarre.
Conception graphique : Amélie Pignarre – www.melodream.com.

ISBN 978-2-84630-165-7
www.editionscosmopole.com – contact@editionscosmopole.com

Passionné de littérature fantastique, Alain Pozzuoli a écrit de nombreux ouvrages sur l'auteur irlandais Bram Stoker (dont *Bram Stoker, dans l'ombre de Dracula*, éd. Pascal Galodé, *Stoker, Œuvres*, éd. Omnibus, *La Bible Dracula*, éd. Le Pré aux Clercs) et il a séjourné à diverses reprises à Dublin. Il a également publié des anthologies sur la littérature irlandaise avec la complicité du traducteur Jean-Pierre Krémer (*Histoires d'Irlande, Trésor de la nouvelle irlandaise*, éd. Belles Lettres, *Le Goût de Dublin*, éd. Petit Mercure) et a aussi travaillé sur un autre écrivain irlandais, Joseph Sheridan Le Fanu (*Le Fanu, Créatures de l'ombre*, éd. Omnibus). Il est en outre l'auteur du documentaire, *Les Fantômes de Dublin*, réalisé par Jean-Michel Ropers en 2011.

Introduction

L'Irlande est un pays de légendes, de contrastes, de couleurs, de musiques, d'odeurs et de sentiments. À la fois imprégnée de traditions, d'habitudes tournées vers le passé, douée d'une inventivité et d'un sens du rebond à la pointe de la modernité, elle est sans doute, de tous les pays d'Europe, l'un des plus fascinants car mystérieuse à souhait. Déroulant des kilomètres de landes, de routes, de montagnes, un chapelet de petits villages, discrets et rudes, comme ses habitants, elle offre un panorama grandiose, inattendu, étincelant sous un soleil ardent, noyé de brume ou trempé de pluie l'instant d'après. L'Irlande n'est jamais la même, éternellement nouvelle et changeante, elle nous emporte dans un tourbillon d'émotions au son d'une harpe celtique échappée d'un pub où la convivialité déborde de chaque verre de Guinness.

L'Irlande est une expérience. C'est une façon différente de percevoir la vie, de s'impliquer dans le quotidien, de ressentir les gens, c'est se fondre dans une humanité que l'on retrouve peu ailleurs, et qui conserve la passion de l'autre, le plaisir d'être ensemble, ce *craic* typiquement irlandais. La musique de l'Irlande, c'est la chaleur humaine qui s'exhale de ses chansons, de sa littérature, de son âme même. Être Irlandais, c'est avant tout conserver ce sens de l'humain qui nous fait parfois tant défaut. C'est ne pas perdre son âme en se vendant à la mode du moment, sans pour autant tourner le dos à la modernité. L'Irlande garde sa mémoire vive, mais sait aussi regarder devant elle et s'élancer vers le futur comme le Spire planté au centre d'O'Connell Street, l'artère principale de sa capitale.

Si les Portugais connaissent la saudade, ce sentiment en demi-teinte, ni gai ni triste, «cette nostalgie douce des choses que l'on n'a pas vécues», les Irlandais, eux, éprouvent l'*irishness*, son état d'âme équivalent. Cet état de grâce est communicatif, vous l'éprouverez en tout lieu en Irlande, dans toute réunion publique qui se tient dans une ville ou un village, dès que plusieurs personnes se retrouvent autour d'un verre.

En Irlande, soyez curieux, curieux de tout, de la ville et de la campagne, de la mer et de la montagne, du visible et de l'invisible. Le rire et les larmes se livrent bataille en permanence dans les chansons entonnées dans les pubs par les anciens marins comme par les traders de passage... Des portes colorées de Dublin aux petits murets de pierre de la région de Galway, toute une histoire vous est contée. Celle des hommes d'avant qui se sont battus âprement afin que leurs enfants et petits-enfants puissent connaître aujourd'hui la quiétude et le bonheur de vivre dans un pays libre et serein.

N.D.E. Dans cet ouvrage, seule la République d'Irlande est évoquée. Les mots suivis d'un astérisque font l'objet d'une entrée.

A

ABBEY THEATRE

Lieu emblématique du Celtic Revival*, l'Abbey Theatre (appelé aussi National Theatre of Ireland) naît en 1904 à Dublin, à l'initiative de deux passionnés de culture celte et irlandaise, William Butler Yeats* et Lady Gregory*. C'est ici qu'est créée, en 1907, une des œuvres les plus importantes du répertoire irlandais moderne, *Le Baladin du monde occidental* de John Millington Synge*. De nombreuses personnalités des arts et des lettres participèrent de cet élan créatif théâtral, en particulier l'actrice Maud Gone, amie de Yeats, et par la suite l'écrivain Frank O'Connor qui en assuma la direction pendant quelques années. Après la proclamation de la République d'Irlande* en 1916, le théâtre fut cédé au gouvernement par ses créateurs comme cadeau à la nation, devenant ainsi la première salle de spectacle financée par des aides publiques. À la suite d'un incendie qui détruisit en 1951 les trois quarts des bâtiments, les représentations se tiennent au Queen Theatre jusqu'en 1963, date à laquelle les bâtiments sont entièrement démolis pour laisser place à un nouveau théâtre dont la première pierre est posée par Eamon de Valera*. Conçu par l'architecte Michael Scott, il est inauguré en 1966 au 26/27 Abbey Street Lower. Détail cocasse, les locaux d'origine servaient d'entrepôt pour les pompes funèbres de Dublin avant d'être transformés en théâtre.

ACTEURS

L'Irlande a connu, ces dernières décennies, de grands succès au box-office avec des films comme *My Left Foot* et *Au nom du père* de Jim Sheridan, *The Commitments* d'Alan Parker, *The Crying Game* de Neil Jordan ou *Le vent se lève* de Ken Loach, et les acteurs irlandais, ou d'origine irlandaise, sont parvenus à se faire un nom jusqu'à Hollywood. Dans les années 1920 déjà, l'une des vedettes masculines du cinéma américain, le ténébreux Paul Kelly, était irlandais, et la star de l'époque, la somptueuse Gloria Swanson, avait des origines irlandaises. Après le sacre de Peter O'Toole quarante ans plus tard dans des superproductions internationales (*Lawrence d'Arabie*, *Lord Jim*, etc.), le cinéma irlandais a continué d'imposer une véritable galaxie de comédiens: Daniel Day-Lewis, Gabriel Byrne, Pierce Brosnan, Jonathan Rhys-Meyers, Colin Farrell, Devon Murray, Brendan Gleeson, Domhall Gleeson, Richard Harris, Cillian Murphy, Liam Neeson, Aidan Turner, Stephen Rea, Colm Meaney, Michael Fassbender, Stuart Townsend, Colin O'Donoghue. Du côté des actrices, comment ne pas citer Maureen O'Hara* et Maureen O'Sullivan, mais aussi les représentantes de la nouvelle génération, Evanna Lynch, Fiona Shaw, Pauline McLynn et Saoirse Roman?

ADN VIKING

Selon une étude réalisée en 2018 par le scientifique italo-irlandais Gianpiero Cavalleri et rapportée par le *Irish Times*, on aurait identifié, dans la population de l'île, dix groupes génétiques tendant à établir que les Vikings ont laissé des traces dans les gènes irlandais. Ce serait la première fois que des preuves ADN sont trouvées et cartographiées de façon aussi précise et indiscutable.

ALL IRELAND FLEADH

Après de longues sélections régionales, le Fleadh Cheoil met en concurrence, chaque année au mois d'août, les meilleurs groupes, musiciens et chanteurs de musique traditionnelle irlandaise. Le choix se fait en plusieurs étapes (au niveau des comtés, puis des provinces) pour aboutir à l'All Ireland Fleadh, la finale nationale qui consacre le meilleur d'entre eux. Cette tradition musicale et très festive remonte à 1951, lorsqu'eut lieu le tout premier Fleadh organisé à Mullingar, au centre du pays. Depuis, l'événement, qui change de ville chaque année, s'est même exporté aux États-Unis et au Canada.

AMHRÁN NA BHFIANN

La musique de l'hymne national de la République d'Irlande* a été composée en 1907 par Patrick et Kearney Heeney et les paroles écrites en anglais par Peadar Kearney (l'oncle de l'écrivain Brendan Behan*). On doit la version irlandaise à Bulmer Hobson. En anglais, l'hymne a pour titre *A Soldier's Song* (*La Chanson du soldat*). Initialement publié en 1912 dans le journal *Irish Freedom*, il a été adopté, dès 1926, en Irlande du Nord par les Irish Volunteers en remplacement de l'ancien, *God Save Ireland*. L'écouter provoque toujours un petit frisson d'émotion, que l'on soit irlandais ou non :

Depuis les quatre provinces d'Irlande
Irlande, Irlande

Ensemble nous faisons face
Épaule contre épaule
Nous répondrons à l'appel de notre pays
Irlande! Irlande!
L'Irlande pour toujours!

ANGUS OG

Figure très populaire en Irlande, Angus Og fait partie des personnages incontournables de la mythologie celtique. Fils du roi Dagda et de la reine Boann, il se meurt d'amour pour une jeune fille inconnue apparue dans un rêve. Dès lors, il n'aura de cesse de la retrouver, mais c'est une autre jeune fille, Caer Ormaith, qui ravira son cœur, en se transformant en cygne. La prenant pour l'inconnue de son rêve, il se changera à son tour en cygne pour la rejoindre et s'unir à elle. Lady Gregory* a transcrit cette légende dans son recueil de contes irlandais, *The Story of the Meno of the Red Branch of Ulster*, en 1902.

ANNA LIVIA

Pour le voyageur non avisé qui se promène dans Dublin, la vue d'une sirène statufiée, en bronze, immergée au cœur du Croppies Memorial Park, près de la gare d'Euston, peut paraître surprenante. Réalisée en 1988 par l'artiste Eamon O'Doherty, à l'occasion du premier millénaire de la ville, l'œuvre avait été retirée en 2001 de son emplacement d'origine, sur O'Connell Street, pour permettre l'érection du Spire*. Restaurée et réaménagée en 2011, elle reste pour tout Dublinois l'incarnation de la sirène Anna Livia Plurabelle (elle-même personnification du fleuve qui partage la ville en deux), l'héroïne du roman de James Joyce*, *Finnegans Wake*, et l'un des symboles de la ville, au même titre que Molly Malone*.

ANNEAU DE CLADDAGH

L'anneau de Claddagh (*Claddagh ring*) est un bijou traditionnel irlandais qui daterait du XVIIe siècle, une bague que l'on a l'habitude d'offrir pour les fiançailles et qui se porte comme alliance. Quand il est donné en gage d'amitié, il se présente sous la forme d'une broche ou de boucles d'oreilles – c'est ainsi que beaucoup de jeunes la portent. Deux mains tenant un cœur couronné forment l'anneau, le plus souvent en argent. D'après la coutume, si on le porte à la main droite, la couronne vers l'intérieur, cela signifie que le cœur est libre ; la couronne vers l'extérieur indique à l'élu de son cœur que l'amour est possible ; porté à la main gauche et la couronne vers l'extérieur : les deux amoureux sont engagés. Si le nom de l'anneau est associé à Claddagh, un ancien petit village de pêcheurs près de Galway, plusieurs légendes se disputent l'origine de cette tradition.

ARAN (ÎLES D')

Joyaux de la baie de Galway, les îles d'Aran sont au nombre de trois. Inishmore (*Inis Mór* en irlandais), la plus grande, est la plus visitée car la plus facile d'accès et le lieu de naissance de l'un des grands romanciers irlandais, Liam O'Flaherty*. Les deux autres, Inishmaan (*Inis Meáin*) et Inisheer (*Inis Oírr*), beaucoup plus calmes et isolées, comptent pourtant parmi les plus beaux sites naturels et archéologiques d'Irlande. L'archipel fait partie intégrante de l'œuvre du dramaturge John Millington

Synge* et a inspiré un magnifique documentaire au réalisateur Robert O'Flaherty, *L'Homme d'Aran**, tourné entre 1932 et 1934. À ne surtout pas confondre avec l'île d'Arran (avec deux *r*) qui se situe en Écosse, dans la région du Firth of Clyde.

ARBRES À FÉES

Ce sont des arbres décorés de rubans et autres gris-gris destinés à faire des vœux que les fées* sont censées exaucer selon leur bon vouloir. Il est bien évidemment interdit de couper de tels arbres sous peine de voir une terrible malédiction s'abattre sur le malheureux inconscient, malédiction qui rejaillirait aussi sur toute sa famille. L'un de ces arbres à fées se trouve sur la rive du Killary Harbour, le seul et unique fjord d'Irlande, dans la région du Connemara.

B

BACON (FRANCIS)

Si James Joyce* a révolutionné le monde de la littérature, Francis Bacon (1909-1992), lui, a explosé tous les codes de l'art pictural et est considéré comme un artiste majeur du XXe siècle. Né à Dublin dans une famille bourgeoise aisée, il connaît une adolescence tourmentée, notamment en raison de son homosexualité qui le fait rejeter par son père, un éleveur de chevaux rigoriste à la mentalité traditionnelle. Par la suite, il part à Berlin où il découvre l'expressionnisme, puis à Paris où il mène une vie de bohème. Il s'installe ensuite à Londres où il devient décorateur d'intérieur à succès dans les années 1930. Mais il demeure très marqué par son enfance dublinoise et par la guerre civile, traumatisme que l'on retrouvera dans toute son œuvre. Il se consacre bientôt entièrement à la peinture et commence à réaliser ses premières toiles sous l'influence de Picasso. Sa première exposition a lieu en 1934, mais c'est en 1945 qu'il trouve la consécration grâce à son tableau *Trois études de figures au pied d'une crucifixion* qui provoque, par sa violence, un scandale. Bacon est lancé et devient une des voix majeures de l'art contemporain et l'un des peintres les plus cotés au monde. Sa maison natale, située au 63 Lower Baggot Street, à Dublin, est aujourd'hui ornée d'une plaque à la mémoire de l'enfant du pays.

BALEINES

Les eaux irlandaises sont considérées comme une réserve naturelle, particulièrement à l'ouest du pays, car la région sert de garde-manger pour les 24 espèces de cétacés qui sillonnent l'océan. L'Irlande compte parmi les plus grands sites d'observation de baleines en Europe, notamment dans la région de Cork, à Carrigaholt dans le comté de Clare et à Inishowen dans le Donegal. De quoi faire rêver le capitaine Achab, le héros du roman de Melville, *Moby Dick*.

BAND AID

En 1984, Bob Geldof (né en 1951 à Dún Laoghaire) et l'Écossais Midge Ure décident de créer un groupe afin de récolter des fonds pour aider à lutter contre la famine qui sévit à l'époque en Éthiopie. Partie de Dublin, l'idée fédère les plus grandes stars de la planète parmi lesquelles Bono*, Sting, George Michael, Boy George, Paul McCartney, David Bowie, etc., et le single (*Do They Know it's Christmas*) se vendra à des millions d'exemplaires, rapportant la somme de quelque 70 millions de dollars !

BANSHEE

Les Irlandais sont très imprégnés par l'irrationnel et adorent les contes* et légendes qui mettent en scène des créatures extraordinaires, redoutables ou attendrissantes. Parmi celles-ci figure la *banshee* (en irlandais *bean sidhe*, ou *fairy woman* en anglais), un esprit de la mort dont les plaintes déchirantes se font entendre la veille par la personne qui va passer de vie à trépas. La *banshee*, selon les récits traditionnels, se présente sous l'apparence d'une jeune femme aux longs cheveux, parfois belle, mais le plus souvent à l'allure cadavérique et terrifiante. L'équivalent français serait la lavandière. En Bretagne, autre contrée celte, les lavandières de la nuit sont redoutées car toute personne répondant à leur appel est retrouvée morte le lendemain, enroulée dans le drap qu'elles lavaient. Dans de nombreuses légendes en Europe, on parle également de la dame blanche.

BEATLES (THE)

Le groupe britannique, plusieurs décennies après son éclatement, passionne toujours autant les amoureux de pop-rock. Les Irlandais ne font pas exception à cet engouement et tous les ans, pendant trois jours au mois de janvier, la capitale organise le Dublin Beatles Festival. Il existe depuis 2013, date du cinquantième anniversaire de la venue des Beatles à Dublin, le 7 novembre 1963, qui avait marqué les annales de la ville. Le festival donne l'occasion à de nombreux amateurs et professionnels de se produire en reprenant le répertoire des quatre garçons de Liverpool ; des films et des documentaires relatifs au groupe le plus célèbre de l'histoire de la musique anglo-saxonne sont également projetés.

BECKETT (SAMUEL)

Figure majeure de la littérature irlandaise moderne, Samuel Beckett (1906-1989) est né dans le comté de Dublin dans une famille bourgeoise protestante ; il entre naturellement à Trinity College* où il poursuit des études de français et d'italien. Il s'établira un temps à Paris, comme lecteur à l'École normale supérieure, puis retournera en Irlande pour occuper la même fonction à Trinity College. C'est là qu'il commence à éprouver un fort dégoût pour la suffisance des cercles universitaires littéraires. En 1934, il les critique violemment dans *Gnome*, un poème qui lui ferme définitivement les portes des universités irlandaises. Cette censure s'exercera à nouveau un an plus tard sur son recueil de nouvelles *Bande et sarabande*, qui sera interdit pour obscénité en Irlande jusqu'en 1952 ! De retour à Paris, il devient le secrétaire particulier d'un autre Dublinois célèbre, James Joyce*, avec qui il se lie d'amitié. À partir de 1937, il coupe les ponts avec sa famille et l'Irlande, et écrit ses premiers textes de théâtre directement en français. La première d'*En attendant Godot*, en 1953, lui apporte la célébrité. Ses autres pièces connaissent le même succès, *Fin de partie* en 1957 et *Oh les beaux jours* en 1963. Il recevra le prix Nobel* de littérature en 1969. Décédé à Paris à 83 ans, il est enterré au cimetière de Montparnasse. Insigne honneur posthume, en 2006, lors du centenaire de l'écrivain, la ville de Dublin a donné son nom au dernier pont mobile construit par l'architecte barcelonais Santiago Calatrava Valls, un magnifique ouvrage aux lignes élégantes rappelant la forme d'une harpe* celtique qui enjambe la Liffey au niveau des Docklands.

BEETHOVEN

Quel rapport y a-t-il entre Beethoven et l'Irlande ? Il en est un et non des moindres, les *Irish & Scottish Songs* composés entre 1806 et 1810. Il s'agit là d'une commande de l'éditeur musical George Thomson, d'Edimbourg, qui demanda au compositeur d'harmoniser quelques chants populaires britanniques. Ce travail considéré comme alimentaire par Beethoven donna pourtant lieu à de sublimes mélodies mettant en valeur le patrimoine musical des îles Britanniques.

BEHAN (BRENDAN)

Considéré comme l'un des plus grands écrivains irlandais du XXe siècle, après Joyce* et Beckett*, Brendan O'Beachàin, dit Behan, est né à Dublin en 1923 dans une famille républicaine très engagée politiquement. Il rejoint dès l'âge de 14 ans la Fianna Éireann, la branche junior de l'IRA. Il est arrêté une première fois par la police en 1939, à Liverpool, pour avoir participé à des actions en faveur de ce mouvement politique auquel il restera associé toute son existence. Cela lui vaudra plusieurs peines de prison successives. Il rencontre la célébrité en 1954 avec sa pièce de théâtre, *The Quare Fellow*. Pour la plupart, ses livres font le récit de son combat politique et de ses années de prison qu'il relate notamment dans ses deux romans, *Confessions d'un rebelle irlandais* et *Borstal Boy*, mais ce livre-là restera longtemps interdit en Irlande pour obscénité. Sa pièce *Un Otage* (*An Gilla/The Hostage*), écrite en gaélique, sera montée à New York et à Londres avec succès. Il s'éteint à Dublin le 23 mars 1964, épuisé par l'alcool. Son enterrement a été l'occasion d'une grande manifestation populaire de soutien à l'IRA, son cercueil étant porté par la garde d'honneur du mouvement. On peut voir aujourd'hui une statue de cire à son effigie au Wax Museum* de Dublin.

BIÈRE

Boisson favorite et emblématique des Irlandais, elle se décline sous diverses variétés, la plus connue étant bien évidemment la Guinness*, la fameuse bière noire dont la renommée n'est plus à faire depuis longtemps. D'autres marques ont réussi à s'imposer dans les pubs*, « étape obligée » d'un séjour irlandais, et hors du territoire. L'une d'elles, la George Killian, surnommée « la bière rousse », est parvenue, grâce sans doute à sa couleur, à être identifiée à l'Irlande au même titre que la Guinness. Une autre rousse est très populaire : la Kilkenny, originaire de la ville du même nom. Plus loin derrière, la Smithwick's parvient ces dernières années à conquérir des parts de marché non négligeables, ainsi que la Beamish, une brune brassée à Cork. On peut encore citer la O'Hara's, la Drunght, la Ale et la Lager... Toutes sont l'un des ingrédients indispensables pour connaître le fameux *craic** irlandais ! *(Voir aussi Stout)*

BLACK (MARY)

On pourrait dire que Mary Black est *la* voix du pays, tant son timbre est pur et sa carrière, en écho avec ses racines irlandaises. Née à Dublin en 1955, dans une famille de musiciens, elle intègre très tôt un groupe et se produit régulièrement dans la capitale et sa région. Elle enregistre son premier album en 1982, aussitôt encensé par la critique. Après trente ans de carrière, Mary Black ne compte plus les distinctions, les prix, les récompenses de toutes sortes, en Irlande comme à l'étranger. Son répertoire est toujours empreint de tradition et de folklore, dans ses arrangements musicaux comme dans le thème de ses chansons (l'exemple le plus frappant étant *Song for Ireland*). Cette artiste reconnue, choisie en 1995 pour chanter devant le président Bill Clinton lors de sa venue en Irlande, a également enregistré des duos avec de grands noms tels que Joan Baez ou Steve Martin.

BLOODY SUNDAY

Avant de devenir l'un des titres cultes du groupe U2*, qui fait référence au massacre des manifestants pour les droits civiques le dimanche 30 janvier 1972, l'expression *Bloody Sunday* désigna tout d'abord les événements tragiques qui se déroulèrent à Dublin le 21 novembre 1920. Ce jour-là, suite à l'assassinat d'une dizaine d'agents anglais ordonné par l'indépendantiste Michael Collins*, l'armée britannique tira dans la foule lors d'un match de football gaélique qui se déroulait au Croke Park de Dublin, faisant une trentaine de morts, militants politiques et simples citoyens. Cette page noire de l'histoire irlandaise a marqué les Irlandais durant plusieurs générations. De nombreux artistes ont évoqué cet épisode sanglant, tant en littérature (Liam O'Flaherty*, Brendan Behan*) qu'au cinéma (Ken Loach, Jim Sheridan).

BLOOM'S DAY

Devenu une véritable tradition, le Bloom's Day est un événement fêté à Dublin depuis 1954. Le 16 juin de chaque année, dès 6 heures du matin jusqu'au soir, sont organisées des festivités liées au roman de James Joyce*, dont l'action se situe ce même jour, en 1904, dans les rues de la ville. Les admirateurs de l'œuvre de l'écrivain s'habillent comme au début du XXe siècle, et parcourent la capitale alors animée de lectures publiques, sketchs, etc. évoquant des passages du livre. Des itinéraires sont prévus pour replonger les participants dans l'œuvre avec des « stations » à chaque étape décrite dans *Ulysse**; à cette occasion, des *Ulysse's Maps of Dublin* sont distribuées au public de façon à suivre pas à pas la progression du héros, Leopold Bloom, dans les rues.

BOND (JAMES)

James Bond est Irlandais... du moins l'un de ses nombreux interprètes, en la personne de Pierce Brosnan ! Le comédien qui a incarné l'agent secret 007 à quatre reprises (*Golden Eye*, *Demain ne meurt jamais*, *Le monde ne suffit pas* et *Meurs un autre jour*) est né en 1953, à Drogheda, dans le comté de Louth, et a passé toute son enfance dans la ville de Navan, à quelques kilomètres. Selon la légende, c'est en voyant *Goldfinger*, en 1964, dans le quartier de Putney, qu'il aurait songé pour la première fois à devenir comédien !

BOOK OF KELLS

Cette merveille de l'art médiéval constitue l'une des richesses exposées à l'Old Library de Trinity College*, à Dublin. *The Book of Kells*, également connu sous le nom de *Grand Évangéliaire de saint Colomba*, est un prestigieux parchemin de 340 pages datant de la fin du VIIIe siècle, calligraphié sur du papier vélin et richement enluminé par des moines celtes. Il s'agit de la reproduction d'une version latine du Nouveau Testament dont la beauté de la réalisation, le soin apporté aux lettrines et aux multiples gravures en font l'un des plus rares et des plus beaux exemples du genre. Il fut confié à Trinity College en 1661 par l'archevêque Ussheer et n'a plus quitté ce lieu depuis. On estime que le travail d'enluminures et de rédaction a nécessité une trentaine d'années.

BOOKMAKERS

Jouer et faire des paris semble inné chez la plupart des Irlandais. Ils aiment parier sur tout; le résultat du prochain match de rugby ou de football, celui des prochaines élections ou du dernier procès en cours, des courses de lévriers* ou de chevaux. Tout est prétexte à jouer de l'argent. À cet effet, des officines exclusivement réservées à cette pratique (Bookmakers' Office) sont disséminées un peu partout dans le pays et l'on peut, à tout moment, se risquer à parier quelques euros sur le sujet de son choix.

BORU (BRIAN)

La France a Charlemagne, l'Irlande a Brian Boru. Ce roi mythique (941-1014) a régné sur le pays au XIe siècle et est entré dans la légende grâce à ses faits d'armes exceptionnels. C'est lui qui mit en déroute l'envahisseur viking au cours de la célèbre bataille de Clontarf* dans laquelle il trouva la mort. Cette fin en a fait l'un des héros les plus populaires d'Irlande. Des artistes français comme Alan Stivell ou Tri Yann lui ont consacré une chanson*.

BOYCOTT

Cette action drastique doit son nom à un personnage

qui a réellement existé. Charles Cunningham Boycott (1832-1897) est un Britannique qui fut d'abord capitaine dans les Forces armées anglaises avant de démissionner pour devenir propriétaire terrien sur l'Île d'Achill, puis à Lough Mask dans le Comté de Mayo. Son nom devait passer dans l'usage commun en 1880, suite à la rébellion de ses employés. Aidés par Charles Parnell et Michael Davitt, qui étaient scandalisés par ses méthodes brutales et son comportement à leur égard, ils refusèrent dans un premier temps de lui payer leur loyer (trop élevé), puis allèrent jusqu'à sacrifier une récolte pour protester contre leurs conditions de travail jugées insupportables. Ils le mirent ensuite en quarantaine, interceptèrent son courrier durant des semaines et, pendant ce temps, empêchèrent toute démarche de sa part, au point de le pousser à la ruine. Ce fut l'une des toutes premières actions de groupe dirigées contre un individu dans le cadre du travail.

BROGUE

C'est le nom donné à l'accent guttural, avec roulement des *r*, typiquement irlandais, que l'on trouve dans certaines régions, notamment l'ouest du pays. Un des personnages du roman de Bram Stoker*, *Le Défilé du serpent**, qui se situe dans le Connemara, s'exprime avec cet accent si caractéristique.

BUSKERS

On les voit dans les rues de Dublin. Ces musiciens des rues, artistes ou étudiants, souvent des guitaristes ou des harpistes, n'ont rien de sans-abri : ils jouent pour le plaisir et, à l'occasion, pour se faire quelques pièces de monnaie. Une tradition sympathique par l'ambiance qu'elle distille. Pourtant, depuis août 2016, le conseil municipal a adopté de nouvelles restrictions concernant les performances artistiques en centre-ville. Il est désormais interdit d'utiliser des amplis (particulièrement dans le secteur de Temple Bar et de Grafton Street), et l'on doit également s'acquitter d'une taxe de 80 euros par an pour avoir le droit de s'y produire. Autre contrainte, se déplacer de 100 mètres toutes les heures. Sans doute les initiateurs de cette mesure ignorent-ils que « Longtemps, longtemps, longtemps après que les poètes ont disparu, leurs chansons courent encore dans les rues ! », comme le chante si bien Charles Trénet dans *L'Âme des poètes.*

C

CASQUETTES

Unie ou à rayures, bicolore ou à chevrons, la casquette est une véritable institution en Irlande : on la retrouve sur toutes les têtes, depuis le paysan d'un comté reculé jusqu'à l'élégant citadin dublinois. L'habitude vestimentaire remonte à plusieurs siècles, et la casquette demeure l'un des objets artisanaux les plus traditionnels de l'île. Confectionnée à la main à partir du tweed produit à Ardara, la capitale du tweed, dans le comté du Donegal, elle se porte par n'importe quel temps, sous une pluie battante comme sous un soleil radieux. Sa qualité en fait un objet quasi inusable, si bien que les habitués prétendent qu'il faut plus de dix ans pour en venir à bout et se retrouver dans l'obligation d'en changer ! Quant au prix, il y en a pour toutes les bourses, les plus courantes tournant autour de 50 à 100 euros pour en posséder une de bonne facture… et se donner des airs de *gentleman-farmer*.

CEILI

C'est le nom donné aux premiers rassemblements d'amateurs de chants traditionnels, créés à la fin du XIXe siècle et qui, peu à peu, ont intégré les danses* folkloriques irlandaises. On retrouve désormais des Ceili Bands, devenus très populaires, dans la plupart des fêtes et festivals*, notamment le All Ireland Fleadh*. *(Voir aussi Musique traditionnelle)*

CELTIC REVIVAL

Le Celtic Revival, ou Irish Literary Revival (renaissance littéraire irlandaise), est un vaste mouvement culturel et politique incarné par trois écrivains, Lady Gregory*, Edward Martyn et William Butler Yeats*, à la fin du XIXe siècle. Tous trois voulaient revaloriser la littérature traditionnelle irlandaise et encourager la création d'œuvres nouvelles et modernes s'inspirant de la culture du pays et, surtout, se différenciant de celle de l'Angleterre. Yeats avait jeté les bases de ce renouveau en 1893 avec *Le Crépuscule celtique*, pour lequel, à l'instar des frères Grimm, il avait patiemment recueilli dans les campagnes des contes qui se transmettaient de génération en génération. Dans le même esprit, cette même année, le futur premier président de l'Irlande, Douglas Hyde, créait la Ligue gaélique dans le but d'éradiquer de l'île tout lien avec la langue anglaise. De nombreux auteurs rejoignirent ce mouvement, dont George Russel, John Millington Synge*, George Moore et George Bernard Shaw*. Plus largement, le Celtic Revival, fondé sur un vif ressentiment envers l'Angleterre, étendra des ramifications dans toutes les strates de la société, et ce sursaut nationaliste permit d'engendrer des clubs de pensée, des sociétés et des institutions littéraires dans tout le pays.

CELTIC WOMAN

Créé en 2004, ce groupe musical exclusivement féminin est constitué de quatre chanteuses et d'une violoniste. Sa spécificité est de n'interpréter que des titres du répertoire celtique, originaux et adaptations remises à la mode irlandaise. Le groupe porte la voix de l'Irlande loin des frontières de la verte Erin lors de leurs nombreuses tournées au Japon, aux États-Unis, en Australie ou en Afrique du Sud. Leurs albums les plus connus ont pour titres *A Christmas Celebration*, *Celtic Woman*, *A New Journey*, *Songs From the Heart*, *Lullaby*. Petite particularité, chacun de leurs CD est toujours accompagné d'un DVD de leurs concerts live.

CHANGELING

Cette curieuse croyance veut que parfois les fées* volent un bébé humain dans le simple but de s'en amuser, sans lui faire le moindre mal. Elles trompent les parents en déposant dans le berceau, à la place de l'enfant, un morceau de bois (le *changeling*) que ceux-ci, abusés par le maléfice, continuent à voir comme leur nouveau-né. Qu'on se rassure, au bout de quelques jours, les fées rendent toujours l'enfant volé!

CHANSON FRANÇAISE

L'Irlande s'est souvent glissée dans le répertoire français. L'un des premiers succès évoquant ce pays est sans nul doute la chanson de Bourvil, *La Ballade irlandaise*, en 1958. Dès le début des années 1960, le Breton Alan Stivell met sa carrière sous le signe de l'influence celte, notamment grâce à un accompagnement à la harpe celtique qui caractérisera toute son œuvre. En 1972, Francesca Solleville interprète *La Chanson de l'Irlande*, un texte engagé dédié aux Irlandais vivant sous la coupe des Anglais. Par la suite, d'autres artistes ont magnifié la verte Erin avec des titres devenus populaires, comme Michel Sardou (*Les Lacs du Connemara*), Michèle Torr (*Midnight Blue en Irlande*), Sheila (*Le Dieu de Murphy*), Mireille Mathieu (*L'Enfant de l'Irlande*), Claude Nougaro (*L'Irlandaise*), Renaud* (sa *Ballade nord-irlandaise* sera reprise par Anne Vanderlove et Nolwenn Leroy) ou encore Hugues Aufray (*La Chanson de Molly Malone*). La légende de Brian Boru*, elle, aura inspiré Alan Stivell (*Brian Boru's March*), le groupe Tri Yann (*Brian Boru*) et la chanteuse et harpiste Cécile Corbel.

CHAPELIZOD

Ce charmant village traditionnel, calme et tranquille du comté de Dublin, sis au bord de la rivière Liffey et proche de Phoenix Park* (le plus grand parc public d'Europe), a la particularité d'abriter une maison qui a inspiré l'un des plus importants écrivains irlandais du XIXe siècle, Joseph Sheridan Le Fanu*. Y ayant vécu enfant, il la cite dans certains de ses écrits, notamment *La Maison près du cimetière* et *Les Fantômes de Chapelizod*. Aujourd'hui inhabitée, elle a toujours un air inquiétant et sinistre. Selon la légende locale, elle serait réellement hantée, et personne ne songerait ni à l'habiter, ni à l'acheter. Semblant veiller sur le petit cimetière voisin, juste à l'entrée de Chapelizod, elle se situe à côté de l'unique pub du village.

CHE

Qui l'eût cru? Che Guevara est d'origine irlandaise! On le sait peu, mais la grand-mère paternelle d'Ernesto

Guevara, Ana Isabel Lynch, était issue d'une famille d'émigrants de Galway, dans le Connemara, qui avaient fui le pays comme des millions d'Irlandais lors de la Grande Famine* au XIXe siècle. En Irlande du Nord, sur les murs du quartier de Free Derry, qui n'a jamais accepté son appartenance au Royaume-Uni, le Che est donc devenu « Ernesto Che Guevara Lynch ».

CHEVAUX

Les Irlandais excellent dans le dressage de chevaux et sont passionnés de courses hippiques. Deux grandes manifestations se partagent le calendrier national. La première, la Smithfield Horse Fair, est organisée une fois par mois à Dublin, dans le quartier de Smithfield, à Smithfield Plaza. Cette grande foire aux chevaux qui se tient tous les premiers dimanches du mois permet aux amateurs et aux professionnels, éleveurs et jockeys, de se rencontrer et d'admirer les plus beaux spécimens de toutes les races irlandaises connues (chevaux du Connemara, Irish Cob, etc.), qu'il s'agisse de chevaux de trait ou destinés aux courses hippiques. L'ambiance y est bon enfant et, au final, les tractations ont lieu dans le pub* le plus proche ! Le second événement du genre est la Cahirmee Horse Fair, une foire qui existe depuis plusieurs siècles et se tient une fois par an, chaque 12 juillet, dans la ville de Buttevant, dans le comté de Cork. On y vend des chevaux de race qui s'arrachent à prix d'or, pour ensuite concourir dans diverses courses hippiques nationales et internationales. La foire attire des acheteurs du monde entier.

Les principales races de chevaux irlandais sont l'Irish Sport Horse, très prisé pour les courses, le Trait irlandais utilisé pour le dressage, le Tinker ou Gypsy Cob que l'on retrouve souvent tirant des roulottes, le poney du Connemara et le Kerry Bog, autre race de poney très appréciée des enfants.

CHURCH (THE)

Certains y verront sans doute un sacrilège, mais les faits sont là : l'un des lieux les plus branchés de Dublin se situe dans… une ancienne église ! « The Church » est le dernier endroit à la mode, faisant à la fois office de restaurant, de bar et de night-club. Au cœur de Dublin, dans Jervis Street, l'église St Mary fut construite au XVIIIe siècle et conserve encore aujourd'hui ce qui fit sa renommée : ses magnifiques vitraux et un orgue Renatus Harris, considéré comme une véritable pièce de collection. Vendue une première fois en 1997 pour être transformée en restaurant, elle change de propriétaire et, après de nouveaux travaux, ouvre dans sa version restaurant-bar-boîte de nuit. Classée par le ministère Arts, Heritage, Gaeltacht and the Islands, en raison de son architecture particulière, c'est l'une des dernières églises à galerie d'Irlande.

CLONTARF

Clontarf (en irlandais Cluain Tarbh), petite localité située à quelques kilomètres au nord-est de Dublin, peut se glorifier d'être le lieu de l'une des grandes batailles historiques du pays, mais elle est aussi connue par les amateurs de littérature fantastique pour être la ville de naissance de Bram Stoker*. Outre une attraction baptisée « Castle Dracula » consacrée au vampire et un hôtel-restaurant de renom, The Bram Stoker Hotel, on peut remarquer, à quelques centaines de mètres de la maison natale de l'écrivain (au 15 Crescent Marino), un magnifique cimetière gothique jouxtant l'église St John the Baptist.

Quant à la bataille de Clontarf, elle eut lieu le 23 avril 1014, et opposa le roi d'Irlande Brian Boru* aux Vikings pendant plusieurs jours au bout desquels ils furent vaincus à plate couture. Plus de 20 000 Irlandais y laissèrent la vie ainsi que leur roi, mais la bataille mit fin aux projets d'annexion de l'Irlande par les Vikings qui se contentèrent dès lors de commercer avec elle, notamment avec les villes de Dublin, Cork, Wexford et Limerick.

COFFIN SHIPS

Cet horrible nom de « bateaux cercueils » fut donné aux navires qui, lors de la Grande Famine* de 1845-1847, emmenèrent vers l'Amérique les milliers d'Irlandais qui avaient choisi l'exil. Outre le fait que la plupart de ces bateaux étaient surchargés et en mauvais état, nombre de passagers étaient atteints de maladies et d'infections dues à leur sous-alimentation. Un grand nombre périt durant la traversée, et leurs dépouilles furent jetées à la mer. On estime cet exode à près de deux millions de personnes.

En 2005, le groupe de black metal Primordial a composé un morceau intitulé *The Coffin Ships*, en mémoire de ce sinistre épisode.

COLCANNON

C'est *le* plat irlandais servi lors de la fête d'Halloween*.

À base de pommes de terre*, il est facile à réaliser et peu onéreux, ce qui permet à toutes les familles de le préparer lors de ces réjouissances à l'approche de l'hiver. La tradition voulait autrefois que l'on y cache une pièce de monnaie comme un gage de chance pour la personne qui la découvrirait dans son assiette.

Ingrédients *(pour 4 personnes)*
- *4 pommes de terre*
- *1 chou coupé en petites lamelles*
- *15 cl de lait chaud*
- *1 verre à moutarde de ciboulette hachée, 1 c. s. de persil haché*
- *60 g de beurre*
- *2 oignons*
- *sel et poivre*

Préparation
- *Éplucher et couper les pommes de terre en lamelles, puis les faire cuire à l'eau. Les égoutter et les écraser à la fourchette dans un saladier.*
- *Faire cuire le chou 10 minutes dans l'eau et l'égoutter.*
- *Faire fondre le beurre dans une poêle et y ajouter les oignons, puis le chou, la ciboulette et faire revenir le tout 2 à 3 min.*
- *Ajouter les pommes de terre écrasées et verser le lait afin de donner à l'ensemble une consistance assez épaisse.*
- *Poivrer et saler, puis servir en saupoudrant avec le persil.*

À l'origine, ce plat se servait tel quel, mais aujourd'hui il peut tout à fait accompagner une viande rouge ou une volaille, des tranches de lard, voire être proposé avec une salade verte.

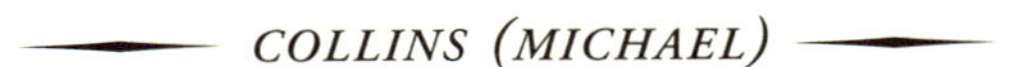

COLLINS (MICHAEL)

Personnalité controversée, Michael Collins (1890-1922),

leader républicain révolutionnaire et membre du Sinn Féin, prit part à la grande insurrection de Pâques 1916 pour lutter contre le gouvernement britannique. Rallié un temps à Eamon de Valera*, son engagement s'infléchira peu à peu et il deviendra même un artisan du compromis avec la Grande-Bretagne. Cette prise de position inattendue, très mal perçue par les républicains extrémistes, lui vaudra d'être assassiné lors d'une embuscade pendant la guerre civile en 1922. Le film de Neil Jordan, *Michael Collins*, qui lui a été consacré en 1996, avec Liam Neeson dans le rôle-titre, montre parfaitement son parcours fatal et contradictoire.

CONTES & LÉGENDES

S'il est un pays où l'irrationnel est proche du quotidien, c'est bien l'Irlande. Sa culture est entièrement ancrée dans le merveilleux, la magie et l'invisible. Nombre des personnages emblématiques de cet univers extraordinaire accompagnent la vie des Irlandais, que ce soit sous forme de récits, de chansons ou de représentations en trois dimensions (statues, monuments). Ces légendes mettent souvent en scène une jeune fille abandonnée, vivant parfois sous les eaux, en attente d'un amoureux, ou bien l'inverse, un jeune homme inconsolable de n'avoir pu trouver la femme rencontrée dans ses rêves et qui part à sa recherche. Il est aussi question de créatures surprenantes, parfois dangereuses (la *banshee**), parfois cocasses (les *leprechauns*) ou charmantes (les fées*) dont la fonction est de maintenir un lien entre le monde des morts, des rêves et celui des vivants.

Tous les auteurs, ou presque, se sont livrés à l'exercice du conte, et même parmi les plus fameux: Le Fanu*,

Stoker*, Wilde*, Yeats*. Certains personnages ont eu une audience plus importante que d'autres (*Angus Og**, *Hanrahan le Rouge** ou *Le Fantôme de Madame Crowl*). Au XIXe siècle, on peut dire que les contes et légendes sont réellement entrés dans le patrimoine officiel du pays grâce aux recherches de Yeats, de Synge* et de Lady Gregory* qui ont entrepris de collecter dans le pays toutes ces histoires issues de la tradition orale. Dès lors, le genre a totalement investi l'imaginaire irlandais au point d'être présent partout et tous les jours, à la radio, à la télévision, dans la presse, dans les pubs ou lors des concerts. Chaque année, un festival* de contes, le Storytelling, sur l'île de Cape Clear, au sud de Cork, attire des milliers d'amateurs.

CORRS (THE)

Chez eux, la musique est une affaire de famille. Nés à Dundolk, dans le comté de Louth, de parents musiciens, Jim et ses trois sœurs ont appris très tôt le solfège et le piano, chacun ayant également son instrument de prédilection : la flûte traditionnelle irlandaise pour Andrea, le violon pour Sharon, la batterie et le bodhrán (tambour traditionnel) pour Caroline, la guitare pour Jim. Leur musique, qualifiée de « pop rock celtique », a fait d'eux l'un des groupes les plus célèbres. Le succès mondial les a couronnés dès leur premier album, *Forgiven, Not Forgotten*, en 1995, avec des tubes tels que *Runaway*, *Forgiven, Not Forgotten*. Depuis, chacun de leurs albums recèle au moins deux ou trois pépites qui partent à l'assaut des *charts* internationaux. À ce jour, ils ont vendu plus de 60 millions d'albums. U2* n'a qu'à bien se tenir !

COURSES (DE LÉVRIERS)

Cette pratique est très populaire en Irlande qui possède une vingtaine de champs de courses, ou cynodromes (*greyhound stadium*). Une course (*race*) fait entre 280 et 700 mètres et dure à peine quelques minutes ; pour chacune, six chiens s'élancent après un lapin mécanique sur une piste de sable. Leur vitesse atteint parfois les 80 km/h. Les jeux se déroulent généralement le soir, et le dimanche en journée, dans une ambiance enthousiaste et parfois même survoltée. Le prix d'entrée peut varier de 10 à 45 euros et les paris, de 1 à 1000 euros. C'est en 1920, aux États-Unis, qu'est née cette discipline qui, depuis, a fait florès dans le monde entier, notamment en Angleterre, en Nouvelle-Zélande et en Australie. La première course en Irlande eut lieu en 1927. Une fédération nationale, l'Irish Greyhound Board, a mis en place une charte très stricte pour les éleveurs de façon à s'assurer de leur bon traitement. On estime à plus de 20 000 le nombre de lévriers élevés aujourd'hui dans le pays. Un chien peut être vendu jusqu'à 35 000 euros alors même que sa carrière n'excède pas 18 mois. À Dublin, les courses ont lieu au Shelbourne Park. Une expérience à vivre au moins une fois pour pouvoir dire : « J'y étais ! »

CRAIC

Le *craic* (prononcer « crack ») est une notion typiquement irlandaise, une sorte de philosophie de vie qui peut correspondre au *fun* pour les Anglo-Saxons, ou à ce que l'on nomme en France « la qualité de vie ». Chercher (et trouver) en toute chose le moment adéquat pour profiter de l'instant présent pourrait en être une définition. L'endroit idéal pour cela est évidemment le pub* où tout le monde se retrouve dans la convivialité et le partage qu'induit un tel lieu. Le *craic* est, avant tout, un sentiment lié au bonheur collectif; dès que l'on est deux ou plus, on peut parler de *craic*. Par exemple, boire une bière, seul, est un plaisir, mais n'en fera pas partie. Tout est une question de partage. Le mot est d'ailleurs passé dans le langage courant, aussi n'est-il pas rare d'entendre : *What's the craic?* qui, traduit en français, correspondrait au banal : « Quoi de neuf? »

CROIX

Tout le monde connaît la croix celtique, identifiable par son anneau central. La croix de Kells (comté de Meath) ou celle de Muiredach ou de Monasterboice (du nom du monastère, comté de Louth), probablement la plus ancienne, en sont des exemples. Elle symbolise le christianisme celtique, et on la retrouve dans tout le monde celte, en Écosse, au Pays de Galles ou en Bretagne. En Irlande, on peut en voir aussi bien dans un cimetière catholique que protestant. Une autre croix, moins connue, et pourtant souvent rencontrée, celle de sainte Brigitte, a la particularité d'être fabriquée en paille et en joncs tressés. On peut en apercevoir parfois dans une voiture, accrochée au rétroviseur intérieur pour protéger le conducteur. Elle est surtout utilisée dans le milieu rural où elle est censée garantir des incendies et du mauvais sort.

CÚCHULAINN

C'est l'un des personnages les plus importants de la

mythologie celte irlandaise, aussi fort qu'un dieu. Initié en Écosse par la magicienne Scáthach Uanaind, il manie un glaive magique, le *gae bolga* (le « javelot foudre ») avec lequel il transperce ses ennemis. Selon la légende, il serait mort le jour de Samain*. Ses exploits inspirent encore aujourd'hui nombre d'auteurs, de dessinateurs et d'artistes ; on le retrouve ainsi dans des bandes dessinées, des mangas et même dans certaines chansons (*The Sickbed Of Cùchulainn* des Pogues*, *Le Chien du forgeron* du groupe breton Manau, *Black Rose* de Thin Lizzy, ou encore *Cú chulainn* du groupe de death metal Therion). C'est l'une des figures tutélaires de la nation irlandaise.

CULCHIES

Nom donné par les Dublinois « pure souche » aux Irlandais de province venus s'installer à Dublin, par opposition aux « Dubs », les vrais Dublinois, nés à Dublin.

D

DANNY BOY

Ce grand classique de la chanson traditionnelle irlandaise est tiré d'une ballade, *The Londonderry Air*, ou *Derry*, dont le compositeur est demeuré inconnu. Elle aurait été créée entre 1800 et 1850. C'est en 1913 qu'un compositeur anglais, Frederick Weatherly, y aurait apporté de nouveaux arrangements musicaux ainsi que de nouvelles paroles et lui aurait donné son titre actuel, *Danny Boy*.

Oh, Danny boy, the pipes, the pipes are calling
From glen to glen, and down the mountain side
The summer's gone, and all the flowers are dying
'Tis you, 'tis you must go and I must bide…

Oh Danny, les cornemuses, les cornemuses appellent,
De vallée en vallée et le long des montagnes,
L'été est fini et toutes les fleurs se meurent,
Tu dois, tu dois partir et je dois attendre…

Dans les années 1920-1930, *Danny Boy* a connu un grand succès en Angleterre et en Irlande grâce à Cavan O'Connor*. Par la suite, la chanson fut reprise par une multitude de stars à travers le monde telles que Bing Crosby, Mahalia Jackson, Deanna Durbin, Mario Lanza, Judy Garland, Andy Williams, Johnny Cash, Elvis Presley,

Cliff Richard, Harry Belafonte, Tom Jones, Joan Baez, Eric Clapton, Sinead O'Connor* ou The Pogues*. Nana Mouskouri l'a également interprétée dans l'album *Songs of the British Isles*, et Mireille Mathieu en a fait une version française, en 1991, intitulée *L'Enfant de l'Irlande* !

DANSE

La danse fait partie de l'ADN des Irlandais. Depuis l'enfance, chacun connaît les pas des danses traditionnelles, le corps toujours droit et faisant intervenir uniquement les jambes et les pieds, quelle que soit la danse effectuée. On en distingue deux types. Les danses en solo tout d'abord, qui comptent principalement la *jig* (la gigue), qui date du XVIe siècle et consiste en des frappements saccadés de la pointe du pied et du talon. Depuis le XVIIIe siècle, elle est considérée comme une danse surtout masculine. On trouve aussi le *treble reel* qui se pratique aussi en Écosse, le *sets dance*, sorte de chorégraphie menée en général par un professeur, et le *sean-nos* qui est improvisé. Les danses de groupe, quant à elles, comprennent surtout les *ceili** (que l'on retrouve dans tous les pays celtiques), qui réunissent tous les participants sur une même ligne et correspondent au bal traditionnel, le *drama dancing*, plus sophistiqué car il est censé raconter une histoire et suivre un scénario précis. Vient enfin le *team dancing*, qui nécessite le port de *ghillies*, des chaussons de cuir noirs et souples (ou *soft shoes*). Toutes ces danses sont pratiquées lors de réunions familiales (fiançailles, mariage, baptême, communion, anniversaire) ou de fêtes comme Noël* ou la Saint-Patrick*, entre amis, entre clans ou encore entre collègues de travail.

DART

Le DART, ou Dublin Area Rapid Transit, est l'équivalent du RER parisien. Administré par la National Rail Operator (Irish Rail), il dessert une trentaine de stations d'un bout à l'autre de la ligne qui va de Greystone, au sud de Dublin, à Malahide ou à Howth, au nord de la capitale. L'autre moyen de transport de la capitale dublinoise, hormis les bus, est le tramway, le Luas (« vitesse » en irlandais) qui se compose de quatre lignes : la rouge (South Eastern Suburban), la bleue (Northem Suberban), la jaune (Western Suburban) et l'orange (Kildare Suburban). Il n'est pas meilleur moyen pour découvrir une ville que de la traverser confortablement installé dans un tramway. Dernier projet de transport public en date, le métro devrait voir le jour à Dublin en 2027 !

DÉCORS DE CINÉMA

Grâce à son cadre naturel exceptionnel, l'Irlande se prête on ne peut mieux aux tournages de films, et certains lieux sont restés célèbres à l'instar des longs métrages qui s'y sont déroulés. Ainsi, deux villages se disputent la gloire de figurer dans *L'Homme tranquille** de John Ford* : Cong (dans le comté de Mayo) et Innisfree (dans celui de Sligo). Le premier a servi de décor à ce film mythique, mais l'action est censée se dérouler à Innisfree... qui a repris ce détail à son compte ! En effet, l'auberge du village, censée être la maison où se déroule l'histoire, conserve aujourd'hui des traces du (faux) tournage et accueille les nombreux touristes curieux de retrouver l'ambiance de cette comédie devenue un classique. Un autre grand film a été tourné à Cong et dans ses alentours, *Un taxi mauve* d'Yves Boisset, en 1977, d'après le roman de Michel Déon, avec Charlotte Rampling et Philippe Noiret. Le village de Youghal (dans le comté de Cork), quant à lui, s'enorgueillit d'avoir été choisi par John Huston, en 1956, pour certaines séquences de *Moby Dick*, d'après le roman d'Herman Melville, avec Gregory Peck dans le rôle du capitaine Achab et Orson Welles dans celui du père Mapple. Le septième art a utilisé de nombreux autres lieux, notamment Kilmainham Gaol*, l'ancienne prison de Dublin, où furent réalisés, entre autres, *Au nom du père* de Jim Sheridan (1993), *Michael Collins* de Neil Jordan (1996) ou *Le vent se lève* de Ken Loach (2006), ainsi que des séries télévisées telles que *Nick Cutter et les portes du temps* ou encore *Ripper Street* (2013). On aperçoit aussi les rues de la capitale dans *Gens de Dublin* de John Huston (1987), *Agnès Brown* d'Anjelica Huston (1999) ou encore *Once** de John Carney (2007). L'Irlande est un grand studio à ciel ouvert !

DÉFILÉ DU SERPENT (LE)

De la vingtaine de livres que publia Bram Stoker*, *Le Défilé du serpent*, paru en 1890, est la seule fiction dont il ait entièrement situé l'action en Irlande. Celle-ci se déroule dans le Connemara, dans un univers de tourbe et de marais, cet ouest irlandais balayé par les pluies et les tempêtes, décor majestueux et inquiétant où un jeune héritier, Arthur Severn, part à la recherche d'un trésor perdu par les Français en 1798. Ce roman épique dans une nature sauvage et tourmentée ne connut pas le succès de *Dracula*, mais les amateurs de littérature fantastique le découvrent toujours avec un certain plaisir.

DESIGN

Comme Glasgow en Écosse, Dublin est devenue ces dernières années une référence en matière de design. Les amateurs et les professionnels se retrouvent régulièrement au Temple Bar Designer Market où s'observent les dernières tendances, souvent inspirées de l'artisanat local. C'est pratiquement tout un quartier, The Creative Quarter, qui s'est mis aux couleurs de la « branchitude » au gré de nombreuses galeries et boutiques de mode. Le centre commercial Powercourt Townhouse Center complète cet ensemble avec son architecture élégante et sa multitude de bars et de restaurants. Entre tradition et modernité, le design irlandais est représenté par une nouvelle génération de créateurs contemporains tels Orla Kiely (bijoux et accessoires), Derek Wilson (céramiques), James Carroll (meubles en bois), BTU Studio (créations en verre rappelant la tradition vénitienne), Philip Treacy (et ses célèbres chapeaux portés notamment par la famille royale d'Angleterre !), Jennifer Rothwell (très appréciée pour ses imprimés inspirés de l'art celte) ou encore Muriel Beckett (influencée par l'art scandinave). Ils s'illustrent dans tous les domaines, à tel point que 2015 fut « l'année du design irlandais ». À cette occasion, le Centre culturel irlandais de Paris lui a consacré une exposition intitulée « Side By Side » destinée à mettre en lumière tous les créateurs de l'île d'Émeraude.

DIASPORA

De par leur passé, les Irlandais sont l'un des peuples les plus enclins à l'exil et les plus susceptibles de s'adapter au changement. Certains historiens parlent même à leur propos de « culture de l'émigration ». Chaque famille irlandaise compte en son sein un ou plusieurs parents installés « à l'étranger ». Et selon la Constitution, toute personne ayant un grand-parent irlandais peut obtenir la nationalité irlandaise.

Fuyant la Grande Famine* au XIXe siècle, une part importante des Irlandais s'est répartie dans les pays anglophones comme les États-Unis, le Canada, la Grande-Bretagne, l'Australie et la Nouvelle-Zélande – et dans une moindre mesure l'Afrique du Sud et l'Amérique du Sud. Après l'entrée de l'Irlande dans l'Union européenne en 1993, la diaspora s'est tournée vers l'Europe. On estime aujourd'hui que 70 millions d'individus dans le monde peuvent revendiquer des origines irlandaises, dont 40 millions pour le seul territoire des États-Unis – les Irlandais représentent la deuxième communauté européenne après celle d'origine allemande. Parmi les nombreuses personnalités américaines aux racines irlandaises figurent plusieurs présidents, George Washington, John F. Kennedy, Donald Reagan, Bill Clinton et diverses célébrités telles que Neil Armstrong, Henry Ford, Francis Scott Fitzgerald, John Wayne, Elvis Presley, George Clooney, Mel Gibson ou encore Bruce Springsteen – pour ne citer que les plus connus.

DRACULA

Certes, les vampires* viennent de Roumanie, mais le prince des ténèbres, alias le comte Dracula, est très présent à Dublin. En effet, son créateur, Bram Stoker*, est dublinois, et l'on retrouve la trace du héros de son roman, paru en 1897, dans divers lieux de la capitale. Ainsi, à Clontarf* (lieu de naissance de Stoker), on peut découvrir le «Dracula Castle» et, au Wax Museum* de Dublin, un mannequin de cire à l'effigie du roi de l'épouvante est exposé dans «la chambre des horreurs». On peut également croiser sa route lors de la Saint-Patrick* où, chaque année, un comédien, vêtu d'une longue cape noire doublée de satin rouge, défile dans les rues de la ville au cours de la grande parade. Détail troublant, dans les légendes gaéliques, on trouve une créature nommée «Dearg-Due» (suceur de sang) : à cause de la similitude phonétique avec le nom Dracula, certains y voient l'origine possible de l'inspiration de Bram Stoker... mais rien n'a jamais pu étayer cette hypothèse.

DRAPEAU

Adopté en 1937 et inspiré des trois couleurs du drapeau français, celui de la République d'Irlande est composé du vert, symbole du mouvement catholique de libération, du blanc qui incarne la paix, et de l'orange* qui symbolise le protestantisme de la maison d'Orange.

DUBLIN

L'origine du nom de la capitale viendrait du celte *dubh linn* («la mare noire»), mais son nom celte est Baile Átha Cliath, qui signifie «la ville du gué aux claies», en raison de sa position géographique, à l'embouchure de la Liffey. C'est le roi d'Ulster, Conor MacNessa, qui l'aurait fait bâtir pour contrer son ennemi, le roi de Leinster, afin de franchir le fleuve Liffey. Au cours de son histoire, la ville a été le siège de différents envahisseurs, Vikings et Anglo-Normands, et a connu un destin agité jusqu'à l'indépendance en 1921. Son âge d'or se situe au

XVIIIe siècle où furent construits les plus beaux bâtiments et où de nombreux squares, parcs et jardins virent le jour. Cet embellissement s'est poursuivi au XIXe siècle, avec la restauration de la cathédrale Saint-Patrick* et la construction de belles demeures géorgiennes qui lui donnent encore aujourd'hui un charme élégant et suranné.

Dublin est la plus grande ville d'Irlande avec un nombre d'habitants avoisinant 1,8 million pour le grand Dublin, la ville elle-même comptant plus de 500 000 habitants. La capitale a toujours été un important vivier culturel, littéraire et artistique ; une multitude d'écrivains de renom y sont nés ou y ont vécu (Swift*, Le Fanu*, Stoker*, Wilde*, Shaw*, Joyce*, Beckett*, Behan*, etc.). Désignée « capitale culturelle de l'Europe » en 1991, elle est jumelée avec Barcelone, Liverpool, Pittsburgh, San José ou encore Pékin. Aujourd'hui, elle est classée 66e dans l'index des plus grandes places financières mondiales. Dynamique et agréable à vivre, c'est aussi l'une des capitales européennes les plus fréquentées par les touristes.

DUBLIN CASTLE

L'un des bâtiments emblématiques de la capitale, Dublin Castle, est une imposante et austère construction du XIIIe siècle. Tout d'abord résidence des vice-rois, elle servit ensuite de prison, puis de siège à l'administration britannique jusqu'à l'indépendance de l'Irlande, en 1921 – au XIXe siècle, Bram Stoker* y fut employé quelques années comme agent administratif. Aujourd'hui, Dublin Castle est l'une des bâtisses historiques de la ville les plus visitées par les touristes. Quelques bâtiments abritent encore des services administratifs, d'autres servent de centre de conférences, quant à la crypte, on l'utilise comme salle d'expositions.

DUBLINERS (THE)

Un symbole de la capitale et de l'Irlande tout entière. Les Dubliners se forment en 1962 sous le nom The Ronnie Drew Group. Toutefois, après la lecture du livre de James Joyce, les quatre membres du groupe (Ronnie Drew, Luke Kelly, Bobby Lynch et John Sheahan) décident d'adopter celui qui les rendra mondialement célèbres. Leur répertoire, fait de grands classiques de la folk irlandaise (*Molly Malone**, *The Water Is Wide*, etc.), sera leur passeport pour le succès. Si les quatre membres d'origine ne sont plus de ce monde, leur musique perpétue la légende d'un groupe mythique.

DULLAHAN

Proche de l'Ankou breton, le *dullahan* (*Gan Ceann*, « sans tête » en irlandais) est une créature du folklore gaélique qui a la faculté de pouvoir se promener la tête sous le bras pour mieux effrayer les humains qu'elle croiserait sur sa route. Le *dullahan* se déplace dans une carriole faite avec des os humains et il flagelle le cheval avec un fouet constitué par une colonne vertébrale. Détail cocasse, la seule parade contre un tel être serait de brandir devant lui un objet en or, matière à laquelle il semble irrémédiablement allergique. Le *dullahan* serait à l'origine de la légende du cavalier sans tête, dont Tim Burton a fait un film en 1999, *Sleepy Hollow*, avec Johnny Depp et Christopher Lee.

E-F

ENYA

L'une des personnalités les plus en vue de la scène irlandaise. De son vrai nom Eithne Patricia Ní Bhraonáin (en anglais, Enya Brennan), elle est née en 1961, à Gaoth Dobhair, dans le comté de Donnegal, dans une famille de musiciens. Après avoir rejoint pendant quelques années le groupe de rock* Clannad, elle enregistre en 1982 un premier album en solo au succès confidentiel. La consécration arrive six ans plus tard grâce à l'album *Watermark* sur lequel figure le morceau *Orinoco Flow* (*Sail Away*) qui devient un tube mondial et se vend à 8 millions d'exemplaires. Le suivant, *Shepherd Moons*, atteint les 10 millions de copies! Les disques d'or s'enchaînent et, à ce jour, elle aurait vendu plus de 80 millions d'albums dans le monde! Enya, qui chante en anglais et en gaélique, a enregistré plusieurs chansons de la BO du *Seigneur des anneaux*. Une *success story* à l'irlandaise qui en fait rêver plus d'un.

EUROVISION

Les Irlandais, des champions en matière de musique! Cas unique, l'Irlande s'est vue consacrée sept fois au Concours Eurovision de la Chanson, devenant ainsi le pays le plus titré dans la discipline! Son premier succès remonte à 1970, à Amsterdam, où la jeune chanteuse Dana remporte le grand prix avec *All Kinds of Everything*. Dix ans plus tard, Johnny Logan devance tous ses adversaires, à La Haye, avec *What's Another Year*. Il récidive en 1987 avec *Hold me Now*, à Bruxelles, portant son titre à la seconde place des *charts* britanniques. En 1992, à Malmö, la somptueuse Linda Martin gagne le trophée avec *Why Me?* En 1993, à Millstreet, c'est la jeune Niamh Kavanagh qui décroche les lauriers avec *In Your Eyes*, qui connaîtra un joli succès en Irlande et au Royaume-Uni. En 1994, à Dublin, le duo Paul Harrington et Charlie McGettigan se place en tête du concours avec *Rock'n'roll Kids* ; puis, en 1996, à Oslo, la chanteuse Eimear Quinn devance la Norvège de 5 points avec *The Voice*. Et quand l'Irlande ne remporte pas la première place du podium, elle se classe souvent deuxième, comme en 1997, derrière la Grande-Bretagne, avec Marc Roberts qui interprète *Mysterious Woman*, de même qu'en 1990, à Zagreb, avec la chanson *Somewhere in Europe* interprétée par Liam Reilly.

FANTÔMES

À la différence de l'Angleterre et de l'Écosse, l'Irlande n'est pas réputée être un pays de fantômes et de châteaux hantés, et pourtant, certains d'entre eux réservent quelques surprises. La littérature et les chants irlandais fourmillent d'histoires de revenants, menaçants ou sympathiques, dont quelques auteurs se sont fait les chantres. Ainsi Joseph Sheridan Le Fanu* a noirci des pages entières d'histoires de fantômes inquiétants et vengeurs (*Le Fantôme de Madame Crowl*, *M. le juge Hartbottle*), Bram Stoker* s'est inspiré de cette dernière nouvelle pour écrire *La Maison du juge* où le fantôme d'un magistrat cruel et impitoyable vient hanter un malheureux innocent. Élevé au lait des contes* et légendes, l'écrivain s'en souviendra en rédigeant *Le Géant invisible*, récit dans lequel un être démoniaque, le fantôme de la peste, se répand sur la ville. Fitz O'Brien, lui, évoque le thème de l'entité invisible dans *Qu'était-ce?* Seul Oscar Wilde* s'empare du sujet pour en faire le prétexte à une comédie ridiculisant les mauvaises manières d'une famille américaine de parvenus (*Le Fantôme de Canterville*).

Dans la réalité, il n'est pas impossible de trouver la trace de légendes attachées à un château ou à une région. Ainsi, dans le comté de Clare, raconte-t-on que des lacs apparaissent et disparaissent à volonté. On murmure aussi que le fantôme de Maire Rua, dite Marie la Rouge, hante son domaine à la recherche d'un soupirant, que l'une des chambres du château de Birr, dans le comté d'Offaly, serait hantée elle aussi, ou encore qu'à Rathpeak House, dans le comté de Roscommon, le fantôme d'une jeune fille suicidée se montre parfois aux fenêtres du château. Une autre légende affirme que, certaines nuits, le spectre d'un pendu se balancerait encore dans une chambre du château de Tullynally, dans le comté de Westmeath. Vraies ou fausses, comment ne pas tomber sous le charme vénéneux de telles histoires?

FÉES

Parmi les créatures merveilleuses peuplant les contes* et légendes irlandais, on trouve les *daoine sidhes* qui sont des fées (*fairies*) vivant sous terre ou sous les eaux, dans les étangs et les cours d'eau. Leur royaume est dirigé par la reine Onagh et le roi Finvarra. Il est de bon ton de ne jamais citer leur nom mais de les désigner par le terme de *gentry* («petit peuple»). Il existe une fée maléfique, Leanan Sidhe, qui s'apparente à une *banshee** et qui peut harceler un homme jusqu'à ce qu'il succombe à ses charmes.

FESTIVALS

Quel meilleur endroit que l'Irlande au moment d'un festival pour éprouver l'inventivité, la convivialité et la joie de vivre de ses habitants? Comme partout, chaque année dans le pays, les manifestations se multiplient, de la plus conventionnelle à la plus insolite. Chaque ville peut se vanter d'organiser un événement culturel et artistique qui met en avant la tradition de la région et du pays tout entier. La plus en vue est évidemment la capitale, qui offre un vaste choix tout au long de l'année. Le festival le plus important est le Dublin Irish Festival qui se tient au mois d'août et propose, trois jours durant, divers concerts et spectacles de danse. Mais la ville organise de nombreuses autres festivités. En janvier a lieu MyFrenchFilmFestival, consacré au jeune cinéma français, tandis qu'en février, pendant dix jours, se tient le Dublin International Film Festival. En avril, le Franco-Irish Literary Festival rassemble les amateurs de littérature d'Irlande et de culture française. En octobre, durant les cinq jours du Dublin Cocktail Festival, créé en 2014, chaque bar se doit de concocter un mélange original en utilisant comme ingrédient principal un alcool irlandais. Outre le Dublin Beatles Festival (*Voir Beatles*), le Bram Stoker Festival* ou encore l'incontournable Bloom's Day*, il ne faut pas oublier une autre fête importante, la Saint-Patrick*, célébrée le 17 mars.

Bien sûr, Dublin n'est pas la seule ville à offrir de telles réjouissances. On notera que l'Irish Red Hair Convention (*Voir Roux et rousses**) se tient tous les ans en août à Crosshaven, dans le comté de Cork, que le Cape Clear Island International Storytelling Festival (festival des contes et légendes) existe depuis 1994 à Cape Clear et propose, durant trois jours en septembre, des lectures, des improvisations et des concerts. En septembre, Lisdoonvarna, dans le comté de Clare, s'anime avec le Matchmaken Festival, le festival des célibataires. Dans un autre domaine, la ville de Galway organise chaque année, aussi en septembre, le Festival de l'huître. Plus inattendu, les 10, 11 et 12 août, le village de Killorglin, près de Killarney, célèbre le Puck Fair, soit la fête de la chèvre! En octobre, la ville de Wexford, dans le sud-est du pays, propose un festival d'opéra. Mais le festival le plus cher au cœur des Irlandais est sans nul doute le All Ireland Fleadh*, qui bat son plein en août et change de ville chaque année; ce concours de musique traditionnelle remporte un formidable succès auprès du public. En Irlande, quelle que soit l'époque, il se passe toujours quelque chose!

FISH AND CHIPS TRADITIONAL

Cette spécialité anglo-saxonne est aussi très appréciée par les Irlandais car très simple à préparer et d'un très bon rapport qualité-prix. Il s'agit tout simplement de poisson frit, le plus souvent du cabillaud, servi avec des frites et arrosé de vinaigre. Il y a quelques années encore, on trouvait en Irlande le *fish and chips traditional* dans de petites guérites et parfois auprès de marchands ambulants, qui le servaient dans un cornet de papier journal, mais les normes européennes ont fait disparaître cette pratique. À Dublin, l'établissement Beshoff, situé sur O'Connell Street, est spécialisé dans ce type de restauration depuis… 1913 !

FIVE O'CLOCK

Même si le *five o'clock* semble l'apanage des Anglais, les Irlandais cèdent eux aussi volontiers à ce moment de la journée qui permet à toute personne, travaillant ou pas, de souffler un peu et de déguster un bon thé (de préférence un *irish breakfast tea*), cette boisson chaude fort appréciée, notamment en hiver ou par un jour pluvieux. À Dublin, le must en la matière était jusqu'ici de faire une petite escale l'après-midi au café Bewley's, à Grafton Street, véritable institution depuis sa création en 1927. Hélas, la crise économique provoquée par le coronavirus, en 2020, a sonné le glas de cette adresse mythique.

FOOTBALL GAÉLIQUE

Le football gaélique (*peil, peil ghaelach*) est le sport le plus populaire d'Irlande. Il descend d'une ancienne forme de football connue sous le nom de *caid*, une combinaison de rugby à XV et de football, mais en moins violent car plaquage et tacle y sont interdits. Dans ce sport, qui se pratique en amateur seulement, chaque individu ne peut jouer que pour une seule équipe dans toute sa vie, celle du comté dont il est originaire. Parmi les joueurs les plus connus, on cite souvent Daniel O'Keefe (gardien de but), Mick O'Connell ou Tommy Murphy (milieux de terrain) et Tommy Langan (avant-centre). Le football gaélique est surtout pratiqué lors des fêtes patronales.

FORD, JOHN

L'un des réalisateurs les plus influents de l'âge d'or du cinéma américain était d'origine irlandaise. De son vrai nom Sean John O'Feeney, John Ford est né en 1895, d'un père originaire de la région de Galway et d'une mère née dans les îles d'Aran. Installé à Hollywood dès 1914, il devint figurant, accessoiriste, puis assistant, avant de s'illustrer brillamment comme réalisateur de films muets sous le nom de Jack Ford, puis parlants sous celui de John Ford. Connu davantage pour ses westerns tels que *Fort Apache*, *Le Fils du désert*, *Rio Grande*, *La Prisonnière du désert*, il réalisa pourtant quatre films évoquant l'Irlande, dont le plus emblématique *The Quiet Man* (*L'Homme tranquille**) avec John Wayne, en 1952, mais également *The Informer* (*Le Mouchard*) en 1935, *The Plough and the Stars* (*Révolte à Dublin*), en 1936, et *The Rising of the Moon* (*Quand se lève la lune*), en 1957. Des quatre oscars qu'il a reçus comme meilleur réalisateur, deux lui ont été décernés pour *Le Mouchard* et *L'Homme tranquille*. À travers son cinéma, c'est une vision humaniste et généreuse qui s'affirme de film en film, et l'Amérique qu'il met en avant rappelle en creux son pays d'origine grâce à des personnages hauts en couleur, ivrognes sympathiques ou prostituées au grand cœur, que l'on pouvait croiser, à l'époque, aussi bien dans les rues de Dublin que dans celles de l'ouest américain. Ford était un peintre de l'humanité et des petites gens sur lesquels il portait toujours un regard attendri.

FROMAGES

Non, l'autre pays du fromage n'est pas la Hollande, mais l'Irlande! Fabriqués à partir de lait de vache, de chèvre ou de brebis, les fromages irlandais sont d'une diversité étonnante et peuvent rivaliser sans difficulté avec certains fromages français. Le plus apprécié est le Cashel Blue qui se rapproche du bleu français. Produit dans la région de Cashel, il est toujours fabriqué artisanalement et beaucoup le considèrent comme l'un des meilleurs. Le Cheddar Irlandais, le plus consommé, est toujours accompagné de crackers. Le Dubliners, légèrement plus fort que le précédent, est fabriqué à partir de lait de vache, et affiné durant douze mois. Le Durrus, produit artisanalement dans la vallée de Coomkeen (comté de Cork), est doté d'une croûte orange et d'un goût proche du gouda, produit à base de lait de vache. À la différence de la France, chaque fromage en Irlande est associé à un producteur et non à un terroir.

G

GAELTACHT

On nomme ainsi les régions où l'on parle l'irlandais traditionnel au quotidien, avant l'anglais. Elles se situent principalement à l'ouest du pays, et l'on y pratique le gaélique dans la vie courante, depuis l'école jusqu'au pub du coin, dans n'importe quel magasin ou administration, ainsi que sur les panneaux de signalisation ou les publicités. On estime entre 70 000 et 80 000 le nombre de gens le parlant régulièrement, mais près d'1,5 million de personnes auraient des notions de vieil irlandais puisque celui-ci est enseigné dans toutes les écoles de la République d'Irlande. À l'origine, le Gaeltacht désignait un groupe d'individus parlant le gaélique irlandais, une communauté irlandophone, puis cette notion s'est étendue à la région où il était pratiqué. Des trois langues gaéliques que sont le mannois (langue celtique), le herse (gaélique écossais) et l'irlandais, seule la dernière possède le statut de langue officielle de l'Union européenne.

GAULLE (CHARLES DE)

En avril 1969, après le désaveu du peuple français au référendum qu'il lui a proposé, le général de Gaulle quitte la France, dans la plus grande discrétion, pour une retraite d'un mois en Irlande. Il se réfugie dans un petit hôtel à Heron Cove, dans le Kerry, où l'on a été obligé de faire réaliser un lit aux dimensions du grand homme ! Malgré un périmètre de sécurité destiné à éloigner la presse et les paparazzis, deux jeunes photographes, Padraig et Joan Kennelly, réussissent à franchir les barrières et prennent un cliché qui va devenir historique où l'on voit de Gaulle marcher seul sur la plage. La série de clichés intitulée *A Quiet Holiday* (« Des vacances tranquilles ») fera le tour du monde. Le président de la République française avait une aïeule irlandaise du côté maternel, Marie-Angélique McCartan.

GAY (MARIAGE)

Malgré le poids de la religion catholique, encore aujourd'hui très présente au quotidien, l'évolution des mœurs suit son cours. Ainsi, vingt-deux ans après avoir légalisé l'homosexualité, la République d'Irlande a autorisé le mariage homosexuel en 2015. Elle est cependant le premier pays à l'avoir fait par référendum. En dépit d'une forte pression de l'Église qui encourageait la population à voter non, le oui l'a emporté avec 62,07 % des votants (et 71 % à Dublin). Le mariage gay a donc été officiellement promulgué par le gouvernement le 29 octobre 2015. Un an après son entrée en application, le Département de la Protection Sociale annonçait que le pays enregistrait 412 mariages entre personnes du même sexe, dont 213 pour la seule ville de Dublin.

GOLF

Le rugby et le lever de coude ne sont pas les seuls sports pratiqués en Irlande : le golf est l'un des plus populaires, et avec plus de 400 parcours de tous niveaux répartis sur l'ensemble du territoire (dont un tiers de links, ces parcours situés en bord de mer ou dans les dunes), l'Irlande est devenue une destination de choix pour tous les amateurs de cette pratique de plus en plus démocratisée. Le pays s'est aussi distingué à de nombreuses reprises sur le plan international et compte de grands champions, notamment Darren Clarke, Padraig Harrington, Paul McGinley et Rory McIlroy, vainqueur de la Ryder Cup en 2004 et 2014 et de l'US Open 2011 où il a battu 14 records historiques. Au niveau des compétitions internationales, l'Irish Open Golf Tournament qui se déroule en juillet à Dublin est l'un des événements phares de cette discipline. Devenue le véritable paradis des golfeurs, l'Irlande attire chaque année sur ses greens plus de 240 000 pratiquants venus du monde entier.

GOTHIQUE IRLANDAIS

La littérature gothique du XIXe siècle doit beaucoup à l'Irlande, la plupart des plus grands représentants du genre étant issus de la verte Erin. À commencer par l'un des maîtres du mouvement, Charles Robert Maturin, grand-oncle d'Oscar Wilde* et auteur de *La Famille Montorio* en 1807 et de *Melmoth l'homme errant* en 1820. À sa suite, bien sûr, vient l'un des plus grands, Joseph Sheridan Le Fanu*, le père entre autres de la première histoire de vampire féminin en langue anglaise (*Carmilla*, 1871), suivi de Bram Stoker*, l'auteur de *Dracula* (1897). Michael Fitz O'Brien est surtout connu pour sa nouvelle *Qu'était-ce?* parue en 1859, et bien évidemment Oscar Wilde*, le dandy de la littérature, avec son unique roman fantastique, qui s'apparente davantage à un conte philosophique, *Le Portrait de Dorian Gray*, publié en 1890.

D'autres noms, moins célèbres mais tout aussi talentueux, complètent le panorama de l'*Irish Gothic*: William Carleton, Gerald Griffin ou encore James Clarence Mangan, Maria Edgeworth, le duo Somerville & Ross ou les frères Banim. On pourrait citer également la très méconnue Mrs. Charlotte Riddell et son roman paru en 1875, *La Maison inhabitée*, ou encore Rhoda Broughton, auteure de nouvelles (*Twilight Stories*) et nièce de Sheridan Le Fanu! Une multitude de plumes brillantes trempées dans l'encre noire et glacée du gothique irlandais. *(Voir aussi Melmoth)*

GRANDE FAMINE

La Grande Famine est sans doute l'événement le plus tragique survenu dans l'île au cours des siècles derniers. Pays essentiellement agricole au XIXe siècle, l'Irlande ne devait sa survie, en grande partie, qu'à la culture de la pomme de terre*. Ce féculent, facile à cultiver et au rendement prometteur, servait d'alimentation de base à la population. En 1845, une épiphytie de mildiou vint fragiliser ce pâle équilibre, et la succession de ce fléau durant trois années détruisit intégralement les récoltes de pommes de terre et plongea le pays dans le chaos. Des milliers de familles sombrèrent dans la misère la plus totale. Choléra, typhus, dysenterie et scorbut s'abattirent sur la population. Ce désastre décima plus d'un million d'Irlandais, et en jeta autant sur les routes de l'exil... Des milliers d'hommes et de femmes émigrèrent aux États-Unis, embarquant sur les *coffin ships** (bateaux cercueils). Ceux qui parvenaient sur le sol américain se retrouvaient entassés dans les grandes villes, dans des conditions insalubres et misérables. Le billet étant moins cher pour le Canada que pour les États-Unis, bon nombre d'Irlandais sont arrivés d'abord à Québec, et soit y restaient, soit repartaient vers les États-Unis. Le lieu de quarantaine était alors une île sur le Saint-Laurent, La Gosse-Île, où près de 8000 Irlandais sont morts et enterrés, victimes de maladies. Un monument a été érigé à leur mémoire. On estime que la population de l'Irlande passa de 8,5 millions, avant la famine, à 6,6 millions en 1851, pour tomber à 4,39 millions en 1911. Dans les soixante années qui suivirent la grande famine, près de 5 millions d'Irlandais quitteront le pays pour chercher fortune ailleurs.

À Dublin, le Famine Memorial, situé sur les quais de la Liffey, près de Custom House, rappelle cette terrible période. L'ensemble de six statues, grandeur nature, réalisé en 1997 par le sculpteur Rowan Gillepsie, représente de pauvres hères décharnés, en guenilles, avançant avec difficulté sur la route. Homme, femme, enfant, chien, chaque personnage porte en lui toute la souffrance du monde. Une œuvre dure et douloureuse à l'image de l'épreuve que traversa le pays au XIXe siècle et qui a profondément marqué des générations d'Irlandais.

GREGORY (LADY)

Née Isabella Augusta Persse, dans le comté de Galway, la bonne fée des lettres irlandaises (1852-1932) est issue de la haute société. En 1880, elle épouse le gouverneur de Ceylan, Sir William Gregory, et devient ainsi Lady Gregory. Après la naissance de leur fils William Robert, en 1881, elle suit son mari en Égypte où elle publie son premier livre inspiré par le nationaliste Arabi Boy, *Arabi and His Household*. À la mort de son époux en 1892, elle rentre en Irlande et fait la connaissance en 1896 du brillant poète William Butler Yeats*. Grâce à lui, elle découvre le folklore irlandais et la mythologie celtique, et devient dès lors leur plus vibrante ambassadrice. Avec lui, elle conçoit l'idée de créer un théâtre national – ce sera l'Abbey Theatre* de Dublin. Dès lors, elle n'aura de cesse de défendre leur but commun. Tout en étant administratrice du théâtre, Lady Gregory s'est aussi bien illustrée en littérature qu'au théâtre où elle fait vibrer de manière passionnante la corde irlandaise qui l'habite: *The Kiltartan History Book* en 1909, *Irish Folk History Plays* en 1912, *Our Irish Theatre* en 1913, *Visions and Beliefs in the West of Ireland* en 1920. Yeats lui a rendu hommage pour son apport à cette culture qui lui est si chère dans deux poèmes demeurés célèbres, *Coole Park* en 1929 et *Coole Park and Ballylee* en 1931.

GUINNESS

Si l'on vous dit *Guinness is good for you!*, n'en doutez pas! Cette bière est considérée comme un breuvage des dieux. Créé en 1759 par un certain Arthur Guinness (1725-1803), homme d'affaires inventif, ce mélange d'orge et de malt torréfiés a fait la fortune de son créateur et est devenu l'un des symboles de l'Irlande. Son aspect brun foncé, presque noir, sa mousse ocre, crémeuse en surface, et son goût légèrement caramélisé en font une bière unique. La petite histoire veut que Guinness fut tellement convaincu de son succès qu'il signa un bail de 9000 ans lorsqu'il installa ses entrepôts près de la Liffey, à Dublin. En fait, il racheta une ancienne brasserie, la

Rainsford, à St James Gate. Aujourd'hui, la marque est si populaire et si célèbre que tous les jours, des centaines de personnes se pressent à la Guinness Store House pour découvrir les secrets de fabrication de l'institution dublinoise et déguster un *stout** (une pinte de bière), offert avec le billet d'entrée. Signe de son succès, on estime que plus de 10 millions de pintes de bière sont servies chaque jour dans le monde. Depuis quelques années, en septembre, toute l'Irlande se met en fête à l'occasion de l'Arthur's Day, dédié au fondateur Arthur Guinness. Sorte de mini Saint-Patrick*, la journée est aussi ponctuée de nombreux concerts. Pour l'anecdote, en 2016, à la suite d'une plainte déposée par un consommateur végétarien, Guinness a changé sa méthode de brassage et s'est engagée à ne plus utiliser de vessies natatoires de poissons, pratique ancestrale utilisée dans le filtrage des bières brunes. Cette même année, la Guinness Store House a battu son record de fréquentation – faut-il y voir un lien ? En 2017, elle a attiré 1,7 million de visiteurs (soit 4 % d'augmentation par rapport à l'année précédente), devenant ainsi l'attraction la plus populaire d'Irlande.

H

HAENDEL

Le compositeur allemand (1685-1759) fit l'événement à Dublin, le 13 avril 1742, avec la création de son célèbre oratorio, *Le Messie*. L'œuvre, inspirée des Saintes Écritures, fut écrite en moins de trois semaines pour le temps de Pâques et jouée pour la première fois lors de cette fête. Pour l'occasion, les chœurs de Christ Church et de St Patrick's Cathedral avaient été réunis. L'accueil du public dublinois se révéla très enthousiaste, à l'inverse de la première londonienne un an plus tard qui déclencha une véritable cabale orchestrée par des dévots qui estimaient que cette musique n'était pas assez sacrée. Une plaque commémorant l'événement est apposée à Fishamble Street (Temple Bar), et l'orgue sur lequel Haendel joua à Dublin est aujourd'hui visible à St Michan Church, qui l'entretient jalousement. Le compositeur écrivit différentes versions du *Messie* et il se réserva l'exclusivité de diriger lui-même ses oratorios, un genre musical baroque novateur dont il est considéré comme l'inventeur (l'œuvre est proche de l'opéra, mais portée essentiellement par les chœurs, sans mise en scène ni décors). Si les Anglais lui vouent un véritable culte, Beethoven ne cachait pas son admiration pour le créateur de la *Water Music* et du *Te Deum de Dettingen*, n'hésitant pas à déclarer que « parmi les anciens maîtres seuls Haendel et Bach eurent du génie » !

HALLOWEEN

Dans la nuit du 31 octobre au 1er novembre, les enfants célèbrent Halloween dans les pays anglo-saxons. Cette fête très suivie aux États-Unis y a été importée par les Irlandais qui avaient fui la Grande Famine*. Depuis, l'ancienne Samain* ne cesse de faire des adeptes. La coutume veut que les enfants se déguisent autour du thème de l'épouvante: fantômes, lutins, chauve-souris, vampires, sorciers et monstres divers vont de porte en porte réclamer bonbons et chocolats en prononçant la formule *Trick or Treat* (un mauvais tour ou une douceur). Particuliers, commerçants, écoles... chacun décore ses fenêtres avec des effigies de monstres; des confiseries aux formes les plus inventives circulent (araignées en sucre, chauves-souris chewing-gum). La fête joyeuse met à distance la mort et les tabous qui y sont attachés. Selon Philippe Cahen, « le mot anglais viendrait soit de *All Saints' Day* ou *All Hallows' Day* pour la Toussaint (*Hallows* signifiant les saints ou les consacrés en anglais liturgique), et enfin *All Hallow E'en* pour la sainte nuit précédente qui allait devenir Halloween bien plus tard » (*Secrets et mystères d'Halloween*).

HANRAHAN LE ROUGE

Comme Angus Og* ou Ana Livia*, Hanrahan le Rouge est l'une des grandes figures traditionnelles des contes* et légendes du pays. Écrit en 1903 par William Butler Yeats* et Lady Gregory*, le récit qui porte son nom évoque tout le génie et la mystique celtes. Dans *Histoires d'Irlande*, un recueil de nouvelles paru en 2004, le traducteur Jean-Pierre Krémer rappelle que « ce recueil célèbre le dernier barde irlandais, et de fait, Yeats y exalte le génie celte en exhumant des textes folkloriques remis ainsi à l'honneur. Yeats s'inspire également du *Graal* qui échoue à poser les bonnes questions dans sa quête allégorique. Il y mêle également l'ésotérisme (l'influence des Rose-Croix) et la problématique de l'amour courtois. »

HA'PENNY BRIDGE

Sans doute le pont le plus connu de Dublin, voire de toute l'Irlande ! Le Ha'Penny Bridge fut construit en 1816 par William Walsh pour remplacer le ferry qui traversait la Liffey. Walsh fut alors autorisé à prélever un demi-penny par passage sur une période de cent ans – en fait, ce droit de passage fut prolongé jusqu'en 1919. Considéré comme le premier pont en métal construit en Irlande, il est emprunté chaque jour par 30 000 personnes et relie le nord de la ville au quartier de Temple Bar. Si elle porte officiellement le nom de Liffey Bridge, cette élégante passerelle, agrémentée de lampadaires à l'ancienne, est appelée par tout le monde Ha'Penny Bridge.

HARPE CELTIQUE

La harpe (ou *cláirseach* en gaélique) est sans conteste l'un des instruments traditionnels les plus ancrés dans le quotidien des Irlandais. Il n'est pas une fête, pas une soirée dans un pub où elle n'ait sa place. Liée autant à l'histoire du pays qu'à celle de la musique, la harpe fait partie de l'univers celte depuis les temps les plus anciens. C'est au XVIe siècle que le roi Henri VIII en fit l'emblème officiel de l'Irlande. Originaire du Moyen-

Orient, elle fut sans doute apportée en Irlande par des moines missionnaires. Mais peu à peu délaissée par les troubadours, elle dut attendre 1792 pour être réhabilitée et réemployée par le musicien Edward Bunting, grand collecteur et transcripteur des musiques de harpistes jusque-là de tradition orale. Outre la *Clarseach*, à 26 cordes, dite « harpe irlandaise », il existe le *Keirnine* (légèrement plus petit que la *Clarseach*), le *Cionar Cruit* (à 10 cordes) et le *Creamthine Cruit* (à 6 cordes, voisin de la lyre). À Dublin, l'université de Trinity College* expose la fameuse harpe de Brian Boru*, l'empereur guerrier mort lors de la bataille de Clontarf* en 1014. On retrouve l'instrument sur de nombreux objets, notamment sur les pièces de monnaie, sur le logo de la bière Guinness* et sur celui de la compagnie aérienne Ryanair.

HELL-FIRE CLUB

Contrairement à ce qu'un tel nom pourrait laisser penser, il ne s'agit pas d'un club de *bikers*, mais d'une société secrète*, active au XVIIIe siècle. Elle fut créée en 1735 à Dublin par Richard Parsons et le colonel Jack St Léger, deux riches oisifs, qui se retrouvaient à l'Eagle Tavern, non loin de Dublin Castel*, pour laisser libre cours à leurs penchants sadiques. Ils n'hésitaient pas, rapporte-t-on, à arroser un chat d'alcool à brûler et à y mettre le feu pour regarder l'animal s'enfuir en flammes dans les rues de la ville ! Férus d'occultisme le plus noir, les deux compères décidèrent rapidement de s'installer dans un lieu plus discret. Ils choisirent, sur les collines de Wicklow, un ancien pavillon de chasse, The Lodge, créé par le politicien William Conolly. Construit à l'emplacement d'un tertre préhistorique où s'élevait une pierre sacrée, The

Hell-Fire Club Lodge fut rapidement surnommé The Devil's Kitchen (la cuisine du diable), certaines rumeurs laissant entendre que l'être fourchu s'y était rendu en personne à plusieurs reprises. Là, les membres du club se laissaient aller à leurs plus obscurs penchants et se rendaient coupables de méfaits en tout genre, magie noire, sorcellerie et soirées orgiaques qui entretinrent la sinistre réputation du lieu. Le site est aujourd'hui visité par les touristes en mal de sensations bien qu'il ne soit plus considéré – officiellement du moins – comme un lieu de débauche et de manifestations démoniaques.

HIBERNIANS (ANCIENT ORDER OF)

L'Ancient Order of Hibernians est la plus ancienne association d'exilés irlandais catholiques aux États-Unis, fondée à New York* en 1836. Son but était de promouvoir, au pays d'Abraham Lincoln, la solidarité entre immigrés et de préserver leur culture d'origine. L'adhésion, quasi obligatoire, des immigrés irlandais à cette confrérie facilitait leur intégration dans certains cercles (syndicats, partis politiques – souvent le parti démocrate), voire leur embauche. Avoisinant les 10 000 adhérents dans les années 1990, elle est devenue peu à peu une sorte d'association culturelle chargée de veiller aux manifestations festives telle la Saint-Patrick* (elle a en charge le déroulement de la grande parade et la mise en place du Grand Marshall, l'office cérémonial qui lui est attaché), jusqu'aux rencontres sportives ou à l'organisation de festivals. Il est à noter qu'aux États-Unis, il existe 32 associations de comtés qui correspondent aux 32 comtés de l'île!

HOME RULE

Derrière ces termes se cache la première tentative d'émancipation de l'Irlande face à la tutelle britannique. En 1870, Isaac Butt, un homme politique très engagé dans le processus d'indépendance de l'Irlande, créait la Home Governement Association, dont le but était d'obtenir par voie diplomatique l'autonomie de l'île. En 1873, elle prit le nom de Home Rule League. Bien accueilli par la Chambre des communes, le projet fut rejeté trois fois de suite par la Chambre des lords, ruinant ainsi les espoirs des indépendantistes et conduisant le pays à l'Insurrection de Pâques*, en 1916, et à la guerre civile qui fit des centaines de morts en Irlande.

HOMME D'ARAN (L')

Ce beau film en noir et blanc de Robert J. Flahertie nécessita deux ans de tournage, de 1932 à 1934. Réalisé dans les conditions réelles, *Man of Aran* illustre le quotidien d'une famille de pêcheurs de l'île de Kilmury qui ne subsiste que grâce à un travail harassant et à des prises de risques inouïes, notamment lors de la chasse aux requins. Cet exemple parfait de ce que peut être un documentaire (fictionnel) tourné au plus proche des gens sonne comme un hommage à des individus simples et courageux. Une image du pays peu conventionnelle, authentique et forte, qui aura marqué le septième art.

HOMME TRANQUILLE (L')

Réalisé en 1952 et situé à Innisfree*, dans la région de Sligo, *The Quiet Man* de John Ford* demeure l'un des meilleurs films tournés sur l'Irlande. Il oppose une star américaine d'origine irlandaise, John Wayne, dans le rôle de Sean, boxeur américain de retour au pays de ses ancêtres, et une vraie Irlandaise, la plantureuse Maureen O'Hara* qui incarne Mary. Devenu au fil du temps un classique, *L'Homme tranquille* déroule la trame d'une histoire d'amour originale dans un pays encore prisonnier de ses coutumes ancestrales. La comédie, drôle et enlevée, non dépourvue de fond, met en avant les valeurs de l'Eire profonde et de ses habitants, avec leurs sentiments parfois âpres, mais sincères et chaleureux. Un portrait savoureux et pertinent de l'Irlande.

HOTEL CHIC

Selon *Condé Nast Traveler*, un des magazines de tourisme les plus influents, la meilleure résidence hôtelière du monde serait l'hôtel Ballyfin, dirigé par le Français Damien Bastiat. Situé dans le comté de Laois, à une heure et demie de Dublin, et comptant près d'une centaine d'employés, ce domaine de 248 hectares se limite à 20 chambres seulement, au tarif abordable de 590 euros la nuit! Une broutille.

HUÎTRES

Après la France, l'Irlande est le meilleur producteur d'huîtres d'Europe. Ce fruit de mer est si apprécié par les Irlandais qu'un festival* lui est consacré dans diverses villes du pays. Le premier a lieu à Carlingford, dans le comté de Louth, du 8 au 12 août, avec de multiples activités telles que chasse à la perle, régate de voiliers, concours mondial de pêche au crabe, animations de rue, dégustations culinaires (dont la fameuse soupe de fruits de mer de Carlingford), marché artisanal et, bien sûr, un concours du plus rapide écailleur d'huîtres (233 huîtres ouvertes en 3 minutes). Le plus connu, le Galway International Oyster Festival, se déroule chaque année à Galway du 27 au 30 septembre dans une ambiance éminemment musicale et festive. Deux autres villes partagent le même attrait pour les huîtres : Hillsborough, dans le comté de Down, et Clarenbridge, au sud de Galway, avec des festivités en septembre. En outre, l'Irish Quality Oyster, mis en place depuis 2005, garantit la qualité et la traçabilité absolues des huîtres.

HURLING

L'origine du *hurling* remonte au Ve siècle. On trouve des sports similaires, comme le *shinty*, dans différents pays tels que l'Écosse à la même époque, le *cammag* dans l'île de Man, le *bandy* en Angleterre et au Pays de Galles. C'est le deuxième sport collectif le plus populaire en Irlande après le football gaélique* dont il partage certaines règles et points communs comme le terrain, le nombre de joueurs (15), la manière de compter les points et une partie de la terminologie. Appelé *iománaíocht* ou *iomáint* en irlandais, il se joue avec une crosse (*hurley* ou *camán*) utilisée pour taper dans une balle (*sliotar*). Depuis 2010, le port du casque est obligatoire et la discipline compte environ 100 000 licenciés. Une légende de la mythologie celtique prétend que le héros national Cúchulainn* aurait battu à lui seul 150 opposants dans une partie de *hurling*.

I

INSTRUMENTS DE MUSIQUE TRADITIONNELS

Outre l'accordéon, divers instruments sont utilisés dans la musique folklorique irlandaise. Le premier d'entre eux est la harpe* et ses multiples déclinaisons, mais l'on dénombre également le *uilleann pipe*, une cornemuse que l'on retrouve dans les *pipe bands*, le *bodhràn*, sorte de tambourin jadis utilisé lors des fêtes de campagne, le *tin whistle*, une variété de flûte appelée aussi le *penny whistle* et le *fiddle*, un genre de violon. On peut y ajouter, aussi étonnant que cela paraisse, le bouzouki, sorte de luth traditionnel grec, qui, depuis quelques décennies, est de plus en plus utilisé dans la musique irlandaise, preuve de la vitalité et de l'ouverture au monde de celle-ci.

INVENTIONS & DÉCOUVERTES

En Irlande, on n'a pas seulement inventé le whiskey* et la Guinness*, mais bien d'autres trouvailles. Le siège éjectable (mis à profit dans les films de James Bond*!) a été imaginé par James Hilton, le sous-marin* par John Philip Holland, la photographie couleur par John Joly et la chimie moderne par Robert Boyle. Dans un autre domaine, plus quotidien, le chocolat au lait est dû à un certain Sir Hans Sloane et le soda, à Robert Percival. Enfin, dernière avancée scientifique, en 2016, des chercheurs de l'University Hospital de Limerick ont mis en évidence que le mésentère (partie du péritoine) présentait des caractéristiques telles qu'il pouvait être considéré comme un organe à part entière : il serait alors le 79e organe du corps humain. La communauté médicale n'a pas encore avalisé cette proposition, néanmoins quel que soit le verdict, ces travaux laissent entrevoir d'importantes perspectives, notamment dans les protocoles thérapeutiques des pathologies graves de la région abdominale. Pour expliciter ces termes médicaux et aussi pour les gourmands, l'équivalent du mésentère chez le veau se déguste en abat sous le joli nom de fraise de veau !

IRISH BREAKFAST

L'Irlande est un pays où il peut faire froid et où il pleut souvent. Pour faire face aux intempéries, rien de mieux que de commencer la journée par un solide *irish breakfast*, composé en général de saucisses, d'une ou de deux tranches de bacon, de flageolets à la sauce tomate, d'une demi-tomate passée à la poêle et d'un ou deux œufs (brouillés ou au plat). Il existe des variantes : avec des champignons ou des *hash browns*, galettes de pommes de terre râpées, avec du *pudding* (une sorte de boudin noir) ou du saumon fumé, ainsi que du porridge ou des cornflakes. Le tout accompagné de toasts, de marmelade, de jus d'orange et d'un bon thé ou d'un bon café brûlant. Qui dit mieux ?

IRISH COFFEE

Grand classique au rayon des spécialités irlandaises,

l'*irish coffee*, dont la couleur sombre le rapproche de celle d'un verre de Guinness*, doit son existence à un concours de circonstances. Inventé tout à fait par hasard, dans les années 1930, par un serveur de l'aéroport de Shannon, Joseph Sheridan, il fut immédiatement adopté, et exporté par la suite jusqu'aux États-Unis où, dès lors, il connut une renommée internationale. D'une simplicité extrême dans sa conception, il fait cependant l'objet d'une multitude de variantes, russe, mexicaine, espagnole, caribéenne, normande ou italienne! La préparation d'origine est la suivante: dans un premier temps, chauffer légèrement un verre afin d'éviter un choc thermique. Verser le café chaud et une cuillère à café de sucre de canne, ajouter une dose de whiskey* (ou deux selon l'envie), puis déposer délicatement sur le dessus une cuillère à café de crème fraîche. L'opération peut également se faire en versant le whiskey en premier et le café en second. Un conseil: battre la crème fraîche auparavant afin qu'elle soit la plus légère possible. Servir avec une paille, et déguster.

IRISH MIST

Il s'agit de la plus vieille boisson connue en Irlande. Cet alcool millénaire est en fait un vin de bruyère aromatisé avec diverses épices et du miel. Largement sucré, il se rapprocherait du chouchen breton, en plus alcoolisé. Tombé dans l'oubli pendant plusieurs siècles, il fut redécouvert en 1940 par Desmond E. Williams, qui en commercialisa la recette avec succès dans sa distillerie de Tullamore. L'*irish mist* est aujourd'hui redevenu l'une des boissons favorites des Irlandais.

IRISH SPICED BEEF

Le bœuf épicé irlandais est le plat traditionnel servi pour le repas de Noël*, le 25 décembre, au même titre que la dinde (*Christmas turkey*). Il se déguste froid et en tranches, le plus souvent accompagné d'une sauce épicée à base de poivre, de Guinness*, de sucre et de cannelle. Attention, il se prépare une semaine à l'avance et nécessite cinq heures de cuisson !

Ingrédients *(pour 4 personnes)*
- *1,5 kg de gîte à la noix*
- *50 cl de Guinness*
- *4 oignons émincés*
- *2 cuillères à soupe de mélasse noire*
- *2 cuillères à soupe de sucre roux*
- *2 clous de girofle moulus*
- *poivre noir moulu et sel*
- *cannelle*

Préparation
- *Dans un saladier, bien mélanger les oignons, la mélasse, le sucre, les clous de girofle, le poivre noir, la cannelle et le sel.*
- *Verser ensuite la préparation dans un autre saladier contenant le bœuf et laisser macérer le tout sept jours au réfrigérateur, en remuant une à deux fois par jour.*
- *Le huitième jour, ficeler les morceaux de bœuf, et les placer dans une marmite recouverte d'eau froide. Ajouter la Guinness.*
- *Laisser cuire durant cinq heures à feu doux, et remuer de temps en temps.*
- *Laisser refroidir le bœuf dans une assiette.*
- *Enfin, découper la viande en fines tranches et la servir avec des pommes de terre, du chou, du chutney, et une bonne Guinness !*

IRISH WRITERS MUSEUM

Les Irlandais aiment les livres, d'ailleurs n'affirme-t-on pas que le pays est l'île des saints et des écrivains? Afin de mieux illustrer cette passion, la ville de Dublin a inauguré, en 1991, le Musée des écrivains irlandais (Músaem Scríbhneoirí Bhaile Átha Cliath), dans le quartier de Parnell Square, au nord d'O'Connell Street, l'artère principale de la ville. Ce charmant musée, lové dans une maison en briques typiquement dublinoise, offre aux visiteurs plusieurs salles consacrées aux plus grands représentants de la littérature irlandaise. Ainsi, au gré des vitrines peut-on retrouver des publications originales et des objets personnels ayant appartenu à Jonathan Swift*, Thomas Moore, John Millington Synge*, Sheridan Le Fanu*, Bram Stoker*, Oscar Wilde*, William Butler Yeats* ou les plus contemporains James Joyce*, Samuel Beckett* et Brendan Behan*. Un voyage passionnant dans le monde des lettres qui peut se poursuivre dans la petite librairie sise au rez-de-chaussée et à la cafétéria où l'on déguste un thé chaud ou même une Guinness*! C'est le seul musée au monde à rassembler, en un seul lieu, tous les écrivains d'un même pays, toutes époques confondues.

J

JEANIE JOHNSON TALL SHIP

À Dublin*, un beau trois-mâts amarré à Custom House Quay, à deux pas du Famine Memorial, attire irrésistiblement le regard. Son nom : le *Jeanie Johnson Tall Ship*. Il s'agit d'une réplique d'un bateau mythique pour les Irlandais, celui d'origine ayant été lancé en 1848 pour rallier l'Amérique, au moment de la Grande Famine*. Il fit sa première traversée d'émigrants irlandais vers l'Amérique du Nord le 24 avril 1848 et a effectué seize voyages entre 1848 et 1855, en direction de Québec, Baltimore et New York*. Fait notable important, c'est le seul bateau qui n'ait pas dénombré de morts pendant ses liaisons vers l'Amérique. La réplique actuelle, dont la construction a nécessité neuf ans de travaux, sert de lieu de mémoire rappelant les conditions dans lesquelles les émigrants ont voyagé sur les *coffin ships**.

JOYCE (JAMES)

Cet écrivain majeur du XXe siècle fut longtemps boudé par l'intelligentsia de Dublin avant de devenir la fierté numéro 1 de l'Irlande. Né à Dublin, James Joyce (1882-1941) choisit rapidement, ses études terminées, de quitter l'Irlande pour voyager, en France, en Italie, en Suisse où il s'installera à différentes périodes de sa vie (à Zurich, un pub-musée a pris son nom). Il y écrit de façon boulimique, mais son sujet principal reste l'Irlande, et surtout Dublin pour laquelle il éprouve une sorte d'amour-haine. Son œuvre majeure, *Ulysse**, s'y déroule entièrement. Ses autres livres (*Finnegans Wake*, *Gens de Dublin*) complètent sa vision du pays qui, aujourd'hui encore, dessine le portrait d'une certaine Irlande et de ses travers. Malgré ce malentendu, Joyce demeure à jamais pour l'Irlande ce que Pessoa représente pour le Portugal : une figure tutélaire et indissociable du pays où il est né. Comme une revanche, la photographie de Joyce orne aujourd'hui une multitude d'objets destinés aux touristes du monde entier. En outre, on peut admirer une statue à son effigie en plein centre de Dublin, dans North Earl Street, tout à côté d'O'Connell Street, à deux pas du Spire* et visiter le James Joyce Centre, au 35 North Great George's Street. À Dún Laoghaire, la tour Martello, qu'il habita quelque temps en 1904, a été transformée en musée James Joyce (James Joyce Tower and Museum), et une statue de cire à son effigie est exposée au Wax Museum*. Une façon pour le pays de se faire pardonner son ingratitude envers l'un de ses plus brillants représentants.

K-L

KILMAINHAM GAOL

Cette prison, bâtie en 1796 et remodelée à l'époque victorienne, située dans le quartier de Kilmainham à Dublin*, fait partie du patrimoine collectif car elle a abrité les principaux leaders des différentes rébellions contre le joug britannique. Plus qu'un lieu de détention, elle fut aussi un lieu d'exécution et de déportation vers l'Australie. Ses hauts et sinistres murs laissent entrevoir l'importance de la résistance irlandaise et la brutalité de la répression. Dans l'histoire récente, les principaux activistes de l'insurrection de Pâques* 1916 y furent incarcérés : Patrick Pearse, James Connolly, Joseph Plunkett et le futur président de la République d'Irlande, Éamon de Valera*. Elle a été transformée en musée dans les années 1990, où des visites guidées racontent l'histoire du pays, et sert souvent aujourd'hui de décor* pour le cinéma. Un lieu qui a fait l'histoire et qui la perpétue.

LANGUE

Jusqu'en 1800, le gaélique (l'irlandais traditionnel) était parlé par la majorité des habitants de l'île verte et à la fin du XIXe siècle, 85 % des Irlandais le parlaient devant l'anglais (*Voir Gaeltacht*). Aujourd'hui, les deux sont officiellement utilisés en Irlande, mais certains y sont si attachés qu'ils refusent d'employer l'anglais dans la vie courante. La poétesse Biddy Jenkinson, par exemple, va jusqu'à s'opposer à ce que ses œuvres soient traduites dans la langue de Shakespeare, qui, selon elle, n'est pas à même de restituer toutes les subtilités du gaélique ! Étonnamment, la troisième langue la plus usitée en Irlande est le polonais, suivi du français, puis du lituanien, de l'allemand et de l'espagnol. Ce brassage de langues s'explique évidemment par les nombreux va-et-vient de population, encouragés par le système Erasmus pour les étudiants, Dublin étant l'une des destinations les plus prisées par les jeunes Européens. Qui dit Irlandais aujourd'hui dit forcément cosmopolite !

LE FANU (JOSEPH SHERIDAN)

Surnommé « le prince invisible de Dublin », Joseph Sheridan Le Fanu (1814-1873) fut paradoxalement l'un des hommes les plus en vue de la capitale au XIXe siècle. Né au 45 Lower Dominick Street, il fit des études de droit pour devenir avocat mais préféra se lancer dans le journalisme et l'écriture. Devenu directeur de plusieurs journaux, tel le *Dublin Mail Magazine*, il s'illustra parallèlement comme auteur à succès dont l'œuvre est imprégnée de l'ambiance de l'Irlande traditionnelle. Stakhanoviste de la plume, on peine encore aujourd'hui à recenser toutes ses œuvres. Ses plus célèbres écrits sont connus de tous les amateurs de littérature fantastique : *The Purcell Papers*, *Les Créatures du miroir*, recueil incluant la nouvelle la plus célèbre, *Carmilla*, subtile variation sur le thème du vampire, mais également des romans noirs comme *Les Mystères de Morley Court* ou *Oncle Silas*, qui dressent un portrait fidèle de la campagne irlandaise avec ses us et coutumes et de

Dublin. Il s'est aussi beaucoup inspiré de Chapelizod* où il a vécu dans son enfance. Après la perte de sa femme Susanna en 1858, converti aux théories du théosophe suédois Emanuel Swedenborg, Le Fanu sombra dans le désespoir et resta cloîtré jusqu'à la fin de ses jours, ce qui lui valut son surnom cité plus haut. Sa maison, au 70 Merrion Square, porte aujourd'hui une plaque à sa mémoire. Sa tombe, un tertre tristement anonyme, se trouve au Mount Jerome Cemetery, le plus vieux cimetière de la ville.

LITTLE MUSEUM OF DUBLIN

Sans doute le plus petit et le plus atypique des musées dublinois. Créé en 2011, au 15 St Stephen's Green, tout près de Trinity College*, il a trouvé refuge dans une jolie maison bourgeoise du XVIIIe siècle reconvertie en musée par l'ancien journaliste et fondateur du magazine *The Dubliner*. Détail insolite, chaque pièce exposée a été offerte au musée par un habitant de la ville. Sur deux niveaux, documents et objets relatent l'histoire de la capitale ; une pièce recrée le bureau du rédacteur en chef de l'*Irish Time*. Au dernier étage, une pièce est consacrée à U2*, avec articles de presse, pochettes de disques dédicacées, récompenses, disques d'or, affiches, également offerts par des fans dublinois !

LOUPS-GAROUS

Selon la légende, les loups-garous (*faoladh* ou *conroicht* en irlandais), ces créatures mi-hommes mi-bêtes, qui se transforment en loup les nuits de pleine lune, étaient à l'origine utilisés par les rois du pays comme mercenaires, chargés de défendre le royaume contre d'éventuels envahisseurs. À la différence du loup-garou traditionnel, grand prédateur sanguinaire, tel que nous l'ont décrit les contes d'horreur et les films d'épouvante, le *faoladh* est le protecteur des enfants et des personnes faibles, blessées ou perdues. C'est dans la région d'Ossory, actuellement le comté de Kilkenny, que les histoires de loups-garous furent les plus fréquentes.

LUTINS

Les *leprechauns*, les *cluricaunes*, les *fir darrig*, les *fomoriens* partagent tous la même particularité: ils sont minuscules et donc quasiment invisibles à l'œil humain. Parfois, certains osent investir le monde des hommes et n'hésitent pas, la nuit tombée, lorsqu'il fait très froid, à aller frapper à une porte pour entrer se réchauffer près de la cheminée. En pareil cas, il est fortement déconseillé de leur refuser l'hospitalité sous peine de réactions déplaisantes, voire dangereuses! À l'opposé des lutins, les *fir bolgs* sont des géants qui vivaient en Irlande en des temps très lointains et que l'on surnomme le «peuple de la nuit».

M

MAGDALENE LAUNDRY

Cette affaire fut révélée au grand public dans les années 1990, mettant au jour la face sombre et tragique d'une certaine Irlande, celle des institutions catholiques, obstinées, rigoristes et inhumaines, qui sévirent jusqu'à la fin du XXe siècle. Elles étaient destinées à la « rééducation des filles perdues » (*fallen women*), considérées comme des « femmes de mœurs légères ». Pour la plupart, il s'agissait en fait de (très jeunes) filles-mères, souvent abusées par leur patron ou par un homme de leur entourage familial, et qui, se retrouvant enceintes, étaient séparées de leur enfant et mises en institution religieuse afin « d'absoudre leur faute » par la prière et le travail. Le premier asile de ce genre fut fondé le 11 juin 1765 par Lady Arabella Denny sur Leeson Street, à Dublin. On estime qu'entre 1922 et 1996, date à laquelle l'État ferma officiellement ces établissements, environ 10 000 jeunes femmes furent placées contre leur gré durant des années dans ces institutions, et près de 30 000 y séjournèrent au moins quelques mois.

Le dernier couvent de ce type en Irlande cessa de fonctionner le 25 septembre 1996, à la suite d'un scandale retentissant. En 1993, à Dublin, un ordre de bonnes sœurs vendit une partie de son domaine à un promoteur immobilier. On découvrit alors les restes de 155 pensionnaires inhumées dans une fosse commune.

La nouvelle provoqua une onde choc dans tout le pays. Le film de Peter Mullan, *The Magdalene Sisters*, Lion d'or à la Mostra de Venise en 2002, relate le destin tragique de trois jeunes femmes, Margaret, Bernadette et Rose, enfermées des années dans un tel établissement.

MAGIC ROAD

Il est certains lieux, dans le monde, qui affichent une particularité étrange, une singularité surprenante, voire inquiétante. Ainsi en Irlande, en trois endroits (à Comeragh Mountains dans le Connemara, à Cooley Peninsula et à Ben Bulben près de Sligo) se trouvent des *magic road* ou *magic hill*. À un certain point de la route, un phénomène extraordinaire fait que, au bas d'une côte, une voiture peut remonter la pente en marche arrière, contact éteint, sans l'aide du moteur, ni de la moindre traction humaine. Dans un premier temps, on a attribué ce phénomène à une curiosité magnétique du terrain, mais certains scientifiques l'ont expliqué par un simple effet d'optique. Quoi qu'il en soit, effet d'optique ou réelle anormalité magnétique, l'expérience mérite d'être, sinon tentée, du moins constatée de visu.

MALONE (MOLLY)

Comme Jack O'Lantern* et Anna Livia*, Molly Malone est l'un des personnages les plus populaires d'Irlande, sorte de Madelon et de légende appartenant à l'héritage collectif du pays. Sans que l'on sache si elle a réellement existé, une chanson qui porte son nom (connue aussi sous celui de *Cockles and Mussels*) lui a été consacrée, et elle appartient désormais au patrimoine national. Il s'agit de l'histoire d'une petite marchande des quatre saisons, vendant des moules et des coques… qui, certains soirs, pour arrondir son pécule, se livre à la prostitution et finit par mourir des suites d'une forte fièvre…

In Dublin's fair city,
Where the girls are so pretty,
I first set my eyes on sweet Molly Malone,
As she wheeled her wheel-barrow,
Through streets broad and narrow,
Crying, "Cockles and mussels, alive alive oh!"
"Alive-a-live-oh,
Alive-a-live-oh",
Crying "Cockles and mussels, alive alive oh"…

Dans la belle ville de Dublin
Où les filles sont si jolies,
Mon regard s'est d'abord posé sur la douce
Molly Malone,
Tandis qu'elle poussait sa brouette
À travers les rues larges et étroites,
Criant « Coques et moules fraîches, fraîches, Oh!
Fraîches, fraîches, Oh! »…

Considérée comme l'hymne de la ville de Dublin, *Molly Malone* est reprise dans toutes les grandes occasions, et l'équipe nationale de rugby* l'entonne systématiquement à chacun de ses matchs. La plupart des artistes irlandais l'ont interprétée, depuis les Chieftains à Seaned O'Connor*, de Johnny Logan à U2*, et certains Français l'ont également mise à leur répertoire comme Renaud* ou Hugues Aufray. À Dublin, une statue à son effigie est érigée en plein centre, à l'angle de St Andrews et de

Suffolk Street, réalisée par Jean Rynhart en 1987 pour le millénaire de la ville.

MARA (SALLY)

Sally Mara n'existe pas ! Cette romancière irlandaise est une pure invention derrière laquelle se cache Raymond Queneau, père de l'impertinente *Zazie dans le métro*, qui a ainsi donné vie à un auteur imaginaire censé avoir écrit un ouvrage intitulé *On est toujours trop bon avec les femmes*. En 1947, dans la préface de celui-ci, signée du traducteur Michel Presle (en fait Queneau lui-même), le plaisantin rappelle que ce n'est pas parce qu'un nom d'auteur figure sur la couverture d'un livre qu'il existe réellement. Dans cette même veine iconoclaste, Sally Mara raconte sa vision toute personnelle de l'Irlande, s'arrangeant allègrement avec la vérité, par exemple lorsqu'elle fait le récit farfelu de l'insurrection de Dublin lors de Pâques* 1916. Un portrait fantaisiste et burlesque (ou pas) d'une certaine réalité irlandaise !

MELMOTH

Cette pierre noire de la littérature d'épouvante passe pour l'exemple type du roman gothique, porteur de toutes les caractéristiques du genre : décors sinistres et majestueux, héros torturés et surnaturels, intrigue à tiroirs. L'histoire de *Melmoth, l'homme errant* (*Melmoth, The Wanderer*), parue en 1820, rapporte le destin tragique d'un Irlandais qui obtient la vie éternelle après avoir vendu son âme au diable et ne pourra être délivré du maléfice qu'à la condition qu'un autre humain accepte de prendre sa place. Bien sûr, Melmoth ne parviendra jamais à trouver un remplaçant et devra le chercher en vain pendant toute son existence. Ce récit flamboyant fut inspiré à son auteur, Charles-Robert Maturin, grand-oncle d'Oscar Wilde*, par un lieu bien connu des Dublinois, The Hell-Fire Club* Lodge. L'écrivain situa son intrigue non loin de là, près des monts Wicklow. Le thème du roman de Maturin fut repris par Balzac qui publia une nouvelle, en 1835, *Melmoth réconcilié*.

MERROW

Mieux vaut éviter de croiser ce type de créature ! En effet, le *merrow* (*murdhuacha* en irlandais) est une entité maléfique, sorte de sirène, mâle ou femelle, qui vit dans les eaux troubles, souvent à proximité d'une épave, et se caractérise par une cruauté extrême envers les humains. Pour mieux les confondre, il arrive que les *merrows* de sexe féminin se présentent tous charmes dehors, mais à l'opposé, les mâles affichent une laideur repoussante. Une telle rencontre est toujours annonciatrice des pires calamités : naufrage, s'il s'agit de marins, ou décès imminent pour le commun des mortels.

MOMIES

Des momies à Dublin... L'information pourrait surprendre et ne pas être prise au sérieux, et pourtant ! Pour les voir, il suffit d'acheter un ticket d'entrée à St Michan Church, dans Church Street. Cette église, fondée en 1095, est la plus ancienne de Dublin. Outre un orgue classé datant de 1725, St Michan possède des caveaux abritant deux chambres funéraires auxquelles on accède par le cimetière qui entoure l'église. L'atmosphère particulièrement sèche du lieu a permis la conservation des cadavres entreposés dans leurs cercueils. Le premier corps en très bon état est celui d'un croisé, le deuxième appartient à une religieuse. Dans une troisième sépulture repose celui d'un enfant enterré depuis plus de cent cinquante ans, et dans une autre encore, celui d'un homme, sans doute un voleur. Dans la seconde chambre, on peut voir les dépouilles de plusieurs familles célèbres de Dublin des XVIIe, XVIIIe et XIXe siècles. Une légende affirme que certains appartiennent à la famille de Bram Stoker*, l'auteur de Dracula – l'affirmation a toujours été démentie par les autorités.

MORT

La mort, quelles que soient les civilisations, est souvent représentée par une entité bien précise et très identifiable. Chez les Bretons, elle se présente sous la forme d'un squelette armé d'une faux, l'Ankou. Au Mexique, la Catrina est un squelette de femme habillée de ses plus beaux atours. En Irlande, la mort est appelée Morrigan, et certains y ont vu l'inspiration de la fée Morgane de la légende. Dans les récits, elle est censée se déplacer sur les champs de bataille dans un équipage rouge, sur un char guidé par un cheval roux à une seule jambe. Comme les lavandières, il est recommandé de ne pas se trouver sur son chemin, la nuit venue, sur une route déserte, et de ne pas croiser son regard sous peine d'être anéanti sur-le-champ.

MOUTON

Un dicton prétend qu'il y aurait autant de moutons en

Irlande que d'habitants. L'affirmer serait faux, l'animal est pourtant bien emblématique de l'île : impossible de marcher sur une route de campagne sans en croiser au moins un. Le pays leur appartient, ils sont partout ! Selon les chiffres officiels, il y aurait plus de 500 000 têtes broutant l'herbe des verts pâturages. Plusieurs races coexistent sur le territoire. Les têtes et pattes noires (*Scottish Blackface*), originaires d'Écosse, sont élevés pour leur viande. Ceux, reconnaissables à leur toison abondante et à leurs pattes blanches tachetées de noir (*Larnack*), dont la laine est la plus prisée, viennent du Suffolk, en Angleterre. Les autres sont issus de croisements. Toutes les bêtes sont marquées : à chaque propriétaire correspond une tache ou une couleur. Les moutons servent à tout : outre leur viande, très recherchée et très présente dans l'alimentation du pays (goûtez à l'*irish stew*), leur laine est précieuse pour fabriquer divers produits (pulls, écharpes, gants), et leur peau est utilisée pour faire des vêtements (vestes, manteaux, chaussures). On s'en sert également pour fabriquer des instruments de musique* comme le *bodhràn*. En Irlande, on peut dire que « tout est bon dans le mouton » !

MURETS DE PIERRE

Le voyageur qui s'égare dans la campagne ne peut pas n'avoir jamais remarqué ces petits murs de pierres sèches qui, aujourd'hui, font tout son charme. Cette singularité du paysage irlandais remonte à l'époque de la Grande Famine* où les autorités décidèrent de mettre en place des travaux d'utilité publique pour permettre aux ouvriers agricoles sans emploi et aux paysans ruinés de gagner quelques pences en leur faisant édifier ces murets afin de délimiter les différentes parcelles des terrains agricoles. C'est ainsi que l'on vit naître, surtout dans l'ouest, ces fameux petits murets si caractéristiques, simples (*single stones*) ou doubles (*double stones*). Avec des pierres empilées les unes sur les autres, sans mortier ni béton, ces murs bruts faits à la main sont très bénéfiques pour la biodiversité car ils accueillent dans leurs interstices une multitude d'insectes (guêpes, araignées, mouches) et de petits reptiles (lézards, couleuvres, vipères) qui y trouvent refuge. Comme quoi les Irlandais étaient déjà écolos avant la lettre !

MUSIQUE TRADITIONNELLE

Elle s'est constituée dès la fin du XIXe siècle. Les premiers *ceili bands* se créent dans les années 1920, mais il faudra attendre les années 1950 pour que le genre musical ait droit à une reconnaissance officielle par la grâce d'un animateur de radio, Sean O'Riada. C'est lui qui eut, le premier, l'idée de consacrer une émission de radio, intitulée « Our Musical Heritage », à ce que l'on va bientôt appeler « la ballade irlandaise » et qui va régulièrement consigner dans son émission toutes les chansons traditionnelles. Les Irlandais prirent ainsi conscience de la richesse de leur patrimoine musical et n'auront de cesse, dès lors, de le faire revivre. À la fin des années 1950 se forme le premier groupe officiel de musique traditionnelle irlandaise, les Clancy Brothers, pionniers du genre, qui vont bientôt exporter cette musique aux États-Unis, avec un formidable succès eu égard à l'importante diaspora* irlandaise qui y est installée. Leur impact sera tel qu'ils exerceront une réelle influence sur un certain... Bob Dylan venu les applaudir au Greenwich Village !

Dix ans plus tard, en Irlande, on assiste à la naissance de plusieurs groupes de folk qui vont porter haut les couleurs de la musique traditionnelle. Parmi eux, les Dubliners* (dont le nom est emprunté au roman de James Joyce*), constitués en 1962 de quatre sympathiques barbus au physique de vieux loups de mer, vont bientôt devenir une légende. Leur répertoire va non seulement s'imposer comme incontournable, mais aussi imprimer sa marque sur plusieurs générations de musiciens, jusqu'à des groupes de rock tels que Thin Lizzy ou The Pogues*. Puis c'est au tour des Chieftains et de son leader, Paddy Moloney, de marcher sur leurs brisées. Chansons de marins, ballades nostalgiques, violon et accordéon, tel est le répertoire désormais immuable du groupe. Ils ont été rendus célèbres par le titre *Women of Ireland*, présent dans la bande originale du film de Stanley Kubrick, *Barry Lindon* (1975). Dans les années 1970 apparaissent les Planxty, toujours axés vers le folk pur et dur, mais avec des sonorités un peu plus modernes. Les Wolfe Tones acquièrent, eux aussi, une certaine célébrité à l'étranger. Dans la même veine, les frères Furey accumulent les succès. Plus originaux, les Fallen Angels, un groupe essentiellement féminin, se démarquent en chantant uniquement *a cappella*, comme les Celtic Women*. Acoustique et plus tendance, Clannad met aussi à l'honneur la musique traditionnelle irlandaise grâce à la harpe celtique de Marie Brennan ; leur ex-chanteuse Enya* fera plus tard une brillante carrière solo. Derniers en date, les Corrs*, frères et sœurs dans la vie, manient savamment le mélange folk et pop rock et alignent ainsi les tubes et records de ventes.

N-O

NATIONAL LEPRECHAUN MUSEUM

En plein centre-ville de Dublin, à Twilfit House, dans Jervis Street, le Musée national des leprechauns (prononcer « lépricône ») nous immerge dans le monde fantastique de ces génies miniatures, sortes de lutins ou de trolls aux visages de vieillards barbus, roux*, vêtus de vert, qui peuplent les contes* et légendes. Le terme viendrait de *leith brogan*, qui signifie en gaélique « cordonnier à un seul soulier », métier qu'exercent les *leprechauns*. Ils sont censés connaître l'emplacement d'un trésor habilement caché et peuvent éventuellement nous y conduire, mais ils sont aussi prêts à tout pour nous en détourner. Le clou de la visite est une pièce avec des meubles géants (chaises, tables, lit) dans laquelle le visiteur se retrouve réduit à l'échelle des *leprechauns* ! Rarement représentées à l'écran, ces créatures sont les héros du téléfilm pour enfants de John Henderson, *Le Monde magique des leprechauns*, réalisé en 1999, avec l'acteur Randy Quaid.

NEW YORK

New York est sans doute la ville, après Dublin, où l'on trouve le plus d'Irlandais ! C'est à Ellis Island qu'arrivaient les émigrés à l'époque de la Grande Famine*. Le centre d'enregistrement se situait à Battery Park, dans Fort Clinton. Les Irlandais qui débarquaient à New York ces années-là et qui n'avaient pas de formation particulière furent contraints d'accepter les travaux les plus durs et les moins bien payés. Ils devinrent donc dockers, ouvriers, hommes de main, et s'illustrèrent dans toutes sortes de petits métiers. Le film de Martin Scorcese, *Gangs of New York*, tourné en 2002, avec Daniel Day-Lewis et Leonardo DiCaprio, restitue parfaitement l'atmosphère de l'époque et les tensions entre les communautés américaine et irlandaise. Le premier maire de la ville originaire d'Irlande, William Russell Grace (1832-1904), né à Cobh dans le comté de Cork, fut élu par deux fois à ce poste, en 1880 et en 1884.

NOBEL (PRIX)

Le pays peut s'enorgueillir de récompenses plus ambitieuses que celles de l'Eurovision*. Il a été neuf fois lauréat du prix Nobel dans quatre disciplines différentes : la paix, la physique, la littérature et la médecine. C'est grâce au poète William Butler Yeats* que l'Irlande décroche son premier prix Nobel de littérature en 1923. Deux ans plus tard, c'est au tour de George Bernard Shaw* de remporter cette distinction. En 1951, Ernest Walton est récompensé en physique pour ses travaux sur la transmutation des noyaux atomiques. En 1969, la littérature vaut de nouveau à l'Irlande de briller grâce à Samuel Beckett. En 1974, le prix Nobel de la paix est décerné à l'homme politique Sean MacBride, qui fonda en 1961 l'organisation Amnesty International et, deux ans plus tard, en 1976, à Betty Williams et Mairead Corrigan, militantes pacifistes nord-irlandaises. En 1998, c'est au tour cette fois de John Hume, fondateur du Parti social-démocrate et travailliste, et de David Trimble, chef du Parti unioniste d'Ulster, de recevoir la récompense pour avoir fait aboutir l'accord de paix pour l'Irlande du Nord. Le poète Seamus Heaney (1939-2013) le reçoit en littérature en 1995. En 2015, le scientifique William C. Campbell obtient, quant à lui, celui de médecine pour ses travaux sur les maladies parasitaires. Un beau palmarès, sans doute loin d'être achevé.

NOËL

En Irlande, les fêtes de Noël se préparent en deux temps. Tout d'abord, il y a le *Little Christmas* qui commence une dizaine de jours avant Noël et consiste en une période préparatoire aux réjouissances des 24 et 25 décembre. On décore les arbres, les portes des maisons et on installe des guirlandes et des couronnes de houx un peu partout dans les foyers. On choisit les menus, et c'est la course aux cadeaux dans les magasins. Le 24 décembre, au réveillon, les familles se rendent au pub* pour boire un verre (un whiskey* ou un vin chaud) et déguster quelques amuse-bouches (des pâtés à la viande ou au poisson) en attendant de se rendre à la messe de minuit. Par tradition, on laisse à la maison un verre de whiskey à l'intention du Père Noël et quelques carottes crues pour ses rennes ! Au retour, la veillée se fait en dégustant quelques bons verres et en reprenant en chœur les refrains traditionnels de Noël, notamment le *Fairytale of New York*. La découverte des cadeaux se fait le lendemain matin.

Le repas du 25 décembre, qui débute assez tard, se déroule autour de la célèbre dinde de Noël (*Christmas turkey*) farcie avec du bacon, des herbes et de la chapelure, accompagnée de pommes de terre au four et de chou. Le second plat servi pour Noël est l'*irish spiced beef**, du bœuf (ou du jambon) aux épices et aux baies. *Plum pudding* et *mince pies* au rhum (tartelettes sucrées garnies de fruits secs et d'épices) couronnent ce copieux repas, et vin, bière, whiskey ou cidre sont servis tout du long. Après, la coutume veut que l'on se rende sur la plage, pour ceux qui habitent près de la mer, et les plus courageux s'y jettent pour prendre un bain revigorant. Il s'agit là de l'une des plus anciennes traditions de Noël en Irlande! Les plus frileux se contenteront de regarder le spectacle ou se rendront sur un terrain de sport pour jouer au *hurling**, iront parier sur un champ de courses de chevaux* ou de lévriers*, ou, tout simplement, retourneront au pub entonner quelques refrains en bonne compagnie. En Irlande, le 26 décembre, le Stephen's Day, est également férié.

O

À l'origine, la lettre *O*, qui sert de préfixe à de nombreux noms irlandais, viendrait de *Ua* (originellement hUa), signifiant «petit-fils» ou «descendant de», alors que *Mac* ou *Mc* signifient «fils de». Bien que *Mac* et *Ó* soient tous deux d'origine gaélique, *Mc* est plus courant en Ulster, et *Ó* l'est davantage en République d'Irlande.

O'BRIEN (EDNA)

Figure féminine et féministe de l'Irlande moderne, Edna O'Brien est née en 1930, à Tuamgraney, dans une ferme du comté de Clare, d'une mère très autoritaire et d'un père alcoolique. Elle publie son premier roman à l'âge de 30 ans, *Les Filles de la campagne*, premier volet d'une trilogie écrite entre 1960 et 1964. Si le succès est immédiat, la censure l'est aussi ; ses livres sont interdits en Irlande où on lui reproche l'immoralité de ses personnages et des descriptions sexuelles trop poussées. Toute son œuvre à venir sera marquée par son esprit de rébellion face à une société conservatrice et répressive. Installée à Londres depuis les années 1950, après avoir épousé l'écrivain irlando-tchèque Ernest Gébler, elle multiplie les succès littéraires, dont *Les Païens d'Irlande*, sorte d'autobiographie, en 1970, *Crépuscule irlandais*, en 2006, ou encore *Saints et pêcheurs*, en 2011. Elle est également dramaturge et scénariste pour le cinéma avec quatre adaptations de ses propres romans. Une voix libre qui porte haut la cause des femmes dans son pays et même au-delà.

O'CONNELL (DANIEL)

L'une des grandes voix de l'émancipation de l'Irlande catholique. Originaire du comté de Kerry, Daniel O'Connell (1775-1847), révolté parce que les catholiques irlandais se voyaient interdits, par la loi britannique, du droit de vote et étaient tenus à l'écart de toute profession enseignante, commerçante ou libérale, voire du port d'arme, fut l'initiateur d'un nationalisme non violent et légal. Convaincu que cette méthode était la bonne, il déclencha un mouvement de masse dans la population – qui fut même soutenu par une partie des protestants libéraux. C'est ainsi qu'en 1829, il parvint à obtenir le rétablissement du parlement d'Irlande et le droit pour les catholiques de se présenter aux élections grâce au

Catholic Emancipation Act. Orateur de talent, surnommé « le roi sans couronne », il soulevait les foules à chacune de ses interventions publiques, drainant chaque fois davantage de supporters. À ce titre, il devint une personnalité embarrassante pour les autorités britanniques. Celui qui fut le premier maire catholique élu à Dublin, en 1841, était aussi un militant responsable : ayant appelé à un rassemblement important à Clontarf* qui avait été interdit par les autorités, O'Connell préféra l'annuler plutôt que de tenter une épreuve de force avec le pouvoir qui se serait soldée par des blessés. Cet acte de courage lui coûta néanmoins une part de son crédit politique. Parti faire un pèlerinage à Rome, il s'éteindra à Gênes. Aujourd'hui, l'artère principale de Dublin, l'ancienne Sackville Street, porte son nom, et une statue à son effigie trône à l'une de ses extrémités.

O'CONNOR (CAVAN)

Le Tino Rossi anglo-irlandais ! Né en Irlande de parents catholiques, Clarence Patrick O'Connor (1899-1997) grandit en Angleterre où sa mère avait émigré. Il y passera toute son enfance avant de devenir une star de la chanson, dans les années 1920 et 1930, sous le nom de Cavan O'Connor, tant en Angleterre qu'en Irlande. L'arrivée des Beatles* dans les années 1960 sonnera le glas de sa carrière. Son répertoire est essentiellement constitué de chansons d'amour (*I'm Just A Vagabond Lover, Singing A Vagabond Song*), mais aussi de chants traditionnels irlandais (*Danny Boy**, *Bantry Bay*, etc.) et de morceaux de variété dont le thème central est souvent l'Irlande (*Little Bit of Heaven Sure They Call It Ireland, My Irish Song of Songs, Where the River Shannon Flows, My Wild*

Irish Rose, etc.). Même s'il vécut et mena l'essentiel de sa carrière en Angleterre, Cavan O'Connor est irrémédiablement lié à la musique irlandaise.

O'CONNOR (SINÉAD)

La belle Irlandaise au crâne rasé, de son vrai nom Sinéad-Marie-Bernadette O'Connor, est née à Dublin le 8 décembre 1966. Confiée à divers internats lorsqu'elle était adolescente, elle est restée profondément marquée par cet univers austère et en garde un certain goût pour le mysticisme. Son premier album en 1987, *The Lion and the Cobra*, lui vaut d'excellentes critiques, mais son look atypique déchaîne les passions et les polémiques. Le succès international arrive en 1990 grâce à la chanson *Nothing Compares 2U* écrite par Prince et devenue culte. Personnalité forte et engagée, Sinéad O'Connor a souvent créé le scandale par ses déclarations publiques, notamment contre le Pape. Elle se dit aussi militante du Sinn Fein. Atteinte de troubles bipolaires, la chanteuse a fait plusieurs tentatives de suicide et s'est fait remarquer par ses lubies. Sinéad O'Connor est, avec Enya* et Mary Black*, l'une des artistes irlandaises les plus célèbres de la planète et conserve encore une image sulfureuse.

O'FLAHERTY (LIAM)

Souvent qualifié de « peintre de Dublin », Liam O'Flaherty, né en 1896 à Inishmore dans les îles d'Aran*, projetait de devenir séminariste avant de renoncer et de se consacrer à la littérature. Entré dans les Irish Guards lors de la Première Guerre mondiale, il fut gravement blessé en 1917 et resta toute sa vie très engagé politiquement. Ainsi participa-t-il activement à la révolution irlandaise de 1921 au point d'être contraint de s'exiler. Plus tard, il reviendra s'installer à Aran. Toute son œuvre est tournée vers l'histoire politique et sociale du pays et elle aborde les grands thèmes qui l'ont agité, depuis la Grande Famine* de 1847 avec son roman *Famine* (1937), jusqu'aux grandes heures de l'insurrection de 1916 avec son autre livre culte, *Insurrection* (1950), qui s'intéresse à la culpabilité (un homme dénonce à la police son meilleur ami, militant de l'IRA, contre une somme d'argent). Traduit dans de nombreux pays, il a été adapté par John Ford*, en 1935, sous le nom de *The Informer* (*Le Mouchard*), qui obtint quatre oscars. Un remake fut réalisé en 1968 par Jules Dassin. Liam O'Flaherty est l'une des voix majeures de la littérature irlandaise moderne. On ne peut qu'être bouleversé à la lecture de ses écrits, par la justesse et l'intensité de ses récits, concis, authentiques et d'une profonde humanité.

O'HARA (MAUREEN)

Cette splendide comédienne fut sans aucun doute la première actrice irlandaise du cinéma parlant à devenir une star à Hollywood. Née à Dublin, Maureen Fitzsimmons (1920-2015) s'inscrit au célèbre Abbey Theatre* alors qu'elle n'a qu'une quinzaine d'années. Elle est bientôt remarquée par Charles Laughton, l'acteur et réalisateur du film mythique *La Nuit du chasseur*, qui la fait engager par Hitchcock pour *La Taverne de la Jamaïque* en 1939. La même année, elle est au générique d'un autre film avec Laughton, *Quasimodo* de William Dieterle. Sa carrière est lancée. En dix ans, elle ne tourne pas moins de 23 longs métrages, dont *Miracle sur la 34*^e^

rue de George Seaton, en 1947, un classique du film de Noël familial larmoyant, plein de bons sentiments dont raffolent les Américains. Elle y figure aux côtés de John Payne et d'une très jeune débutante (9 ans), Nathalie Wood. John Ford* lui donna une stature internationale en 1952 avec *L'Homme tranquille**, dans lequel elle incarne une volcanique Irlandaise aux côtés de John Wayne. Dès lors, celle qu'on a surnommée « la reine du technicolor » restera gravée à jamais dans la mémoire de millions de spectateurs comme l'incarnation même de l'Irlandaise rousse* au caractère bien trempé.

O'LANTERN (JACK)

Jack O'Lantern est l'un des personnages les plus populaires d'Irlande. Lié à la fête d'Halloween*, il tire son origine d'un vieux conte dans lequel un ivrogne nommé Jack rencontre le diable dans un pub. Celui-ci lui demande son âme, et Jack parvient à le rouler en l'entraînant à boire avec lui. Selon la légende, à sa mort, il fut chassé du paradis et de l'enfer parce qu'il se comportait mal, et aurait été condamné à marcher éternellement dans l'obscurité. Jack aurait alors marchandé avec Satan pour qu'il lui donne un bout de charbon incandescent afin d'illuminer son chemin. Jack l'aurait mis dans un navet qu'il aurait creusé pour s'en faire une lanterne. Avec le temps, dans la pratique, le navet s'est transformé en citrouille que l'on a pris l'habitude de creuser le soir d'Halloween pour y mettre une bougie et, comme Jack, s'en servir de lanterne. Ainsi les Irlandais donnent-ils le nom de Jack O'Lantern à toutes les citrouilles taillées pour la circonstance.

ONCE

Certains films portent en eux une petite musique qui les hisse au-dessus de la mêlée. *Once* est de ceux-là. Ce film rare de John Carney, sorti en 2007, est une sorte de « road-movie » dans les rues de Dublin*, un film musical sans en être un. Il raconte une histoire d'amour qui n'en est pas une, et démontre pour une fois que l'on peut aller au bout de sa passion (en l'occurrence la musique) sans que celle-ci soit destructrice, mais au contraire fédératrice et porteuse d'espoir. *Once* narre la rencontre improbable et lumineuse de Glen (Glen Hansard, leader du groupe The Frames), un *busker**, musicien des rues, et de Markéta (Markéta Irglova), une jeune Tchécoslovaque exilée en Irlande, et offre au passage de magnifiques promenades dans le centre de Dublin. Un film à voir pour se faire du bien et se plonger dans l'ambiance d'une ville chaleureuse, vivante et pleine d'humanité. En 2015, John Carney a réalisé un deuxième film dans la même veine musicale, *Sing Street*, cette fois sur fond de crise économique des années 1980 et de violences dans les établissements scolaires religieux.

ORANGE

En République d'Irlande, la couleur orange n'est pas neutre : elle renvoie à l'Ordre orangiste (inspiré du titre du roi Guillaume III d'Angleterre, prince d'Orange), une organisation politique nord-irlandaise protestante, fondée en 1795, qui s'est toujours opposée à l'émancipation des catholiques et à toute indépendance de l'Irlande vis-à-vis du Royaume-Uni.

P

PÂQUES (INSURRECTION DE)

Le jour de Pâques est important pour les Irlandais, sur un plan non seulement religieux, mais surtout politique et historique. Le Home Rule* (l'autonomie interne de l'Irlande) ayant été repoussé une troisième fois à cause de la Première Guerre mondiale jusqu'à la fin du conflit, deux milices antagonistes se forment, l'Ulster Volunteer Force, farouchement opposée au projet, et les Irish Volunteers, en faveur de l'accord. Le 16 janvier 1916, le conseil suprême de l'Irish Republican Brotherhood décide de préparer une insurrection générale. Celle-ci a lieu le jour de Pâques, le 24 avril. Des membres de l'Irish Volunteers Force et de l'Irish Citizen Army prennent d'assaut la Grande Poste de Dublin, située à l'angle d'Henry Street et d'O'Connell Street, et l'occupent, ainsi que d'autres édifices officiels de la ville. Ils y proclament la naissance de la République d'Irlande* avant de succomber à la sévère répression britannique. La poste sera détruite en grande partie lors des charges de l'armée britannique, mais restaurée par l'État libre d'Irlande. C'est cet événement qui mènera à la partition de l'île en 1920 et à la création de la République d'Irlande. En souvenir des événements, une statue de Cúchulainn*, héros de la mythologie celtique, est édifiée devant la Grande Poste de Dublin.

PÈLERINAGES

Un vieil adage prétend que « l'Église est l'Irlande et l'Irlande est l'Église ». Pour s'en convaincre, il suffit d'assister à l'un des nombreux pèlerinages au cours desquels s'exprime toute la ferveur religieuse d'un peuple fidèle aux traditions. L'imprégnation de la religion dans la vie quotidienne fut longtemps la marque de la résistance des Irlandais à l'envahisseur britannique protestant, et on en trouve encore la trace dans les lieux de dévotion. Le plus fameux est sans doute Croagh Patrick, la montagne sacrée des Irlandais, dans le comté de Mayo, à l'ouest du pays. Chaque dernier dimanche de juillet, plusieurs dizaines de milliers de pèlerins montent (en quelques heures ou en deux jours selon le chemin emprunté) jusqu'au sommet de la montagne pour rejoindre la chapelle et assister à la messe qui y est donnée. Il n'est pas obligatoire d'être catholique pour y participer. L'endroit est devenu sacré car saint Patrick* s'y serait imposé quarante jours de pénitence lors de son évangélisation de l'Irlande et y aurait construit une église.

L'autre point de pèlerinage assidu est Lough Derg, dans le comté de Clare. Un grand rassemblement a lieu entre le 15 juillet et le 15 août. Les cérémonies se déroulent sur une petite île au milieu du lac Lough Derg. Une ancienne croyance veut qu'en cet endroit, très fréquenté au Moyen Âge, se trouve l'entrée du purgatoire. La pratique religieuse y est assez rigoureuse : les pèlerins doivent jeûner, faire pénitence, veiller.

Dans le comté de Mayo, Knock est célèbre pour avoir été le lieu d'une apparition de la Vierge et de la guérison de certains malades. Comme en Bretagne, il n'est pas rare, dans la campagne, de trouver, sinon de petits calvaires, du moins des statues religieuses disposées çà et là, censées protéger les habitants.

PHOENIX PARK

Les Dublinois adorent se promener dans les allées du plus grand parc de la ville, et il n'est pas rare, le week-end, de croiser des familles entières y déambuler, faire du jogging ou pique-niquer sur l'herbe pour profiter d'un rayon de soleil. Phoenix Park (*Fionn Ulsage* en gaélique), avec ses 700 hectares, peut se targuer d'être le plus grand parc urbain d'Europe, et loin devant Central Park à New York (seulement 337 hectares). Ce cadre idyllique cache aussi des coins sombres et des histoires sanglantes : le 6 mai 1882, deux meurtres y furent commis, ceux de Lord Frederick Cavendish et de T. H Burke, venus à Dublin pour participer aux pourparlers entre Parnell, le Land League et le gouvernement britannique. « Les Invincibles », un groupe opposé à toute négociation avec les Britanniques, revendiquèrent les meurtres, bloquant ainsi longtemps le dialogue entre les deux camps. Phoenix Park garde, aujourd'hui, un charme indéniable et demeure un passage obligé lors d'un séjour à Dublin, été comme hiver.

PLAQUES COMMÉMORATIVES

Se perdre au hasard dans les rues de Dublin équivaut à s'aventurer dans un dictionnaire des arts et des lettres grandeur nature. Sur chaque maison ou presque est apposée une plaque à la mémoire d'une célébrité locale (artiste, écrivain ou scientifique), née à cette adresse ou y ayant vécu. À titre d'exemple, il est facile, en centre-ville, sur la rive sud de la Liffey, une fois passé Trinity College*, de se retrouver, chemin faisant, devant l'ancienne demeure de Bram Stoker*, au 30 Kildare Street, face à la National Gallery of Ireland ; puis, une rue plus loin, de découvrir le square le plus huppé de la ville, Merrion Square. Dans ce même périmètre se situent la demeure familiale d'Oscar Wilde* au n° 1 (aujourd'hui l'American College of Dublin), de l'autre côté du square, celle de Sheridan Le Fanu* au n° 70, ainsi que celle de W. B. Yeats* au n° 82 ! Non loin de là, au 16 Harcourt Street, on trouve encore une autre résidence de Bram Stoker et, aux n° 79/82, l'emplacement de l'ancien hôtel particulier où vivait Lady Gregory*. De là, en longeant Fitzwilliam Street Upper, on peut découvrir, au n° 42, une autre adresse de Yeats, et un peu plus loin encore celle de Francis Bacon*, au 63 Baggot Street Lower. En sens inverse, près de Dublin Castle*, se dresse la maison de Jonathan Swift*, à Little Ship Street.

Pour les bons marcheurs, dans un autre quartier, non loin du Grand Canal, au 4 Upper Leeson Street, on tombera sur la demeure de Synge*. Quel que soit l'itinéraire emprunté, le visiteur est certain de se retrouver en bonne compagnie. Une façon agréable et originale de se familiariser avec la culture du pays et la topographie de la ville.

POGUES (THE)

La quintessence du mouvement punk*. Créés à Londres en 1982 par l'Irlandais chevelu Shane MacGowan, et ses acolytes Cait O'Riordan, James Fearnley, Andrew Ranken, Spider Stacey, Philip Chevron et Jem Finer, ils prennent d'abord le nom de Pogue Mahone (dont la traduction explicite le côté provocateur du groupe: « Embrasse mon cul »!) pour finalement s'appeler The Pogues. Elvis Costello, le parrain de la new wave, lui aussi irlandais d'origine (son véritable nom est Declan McManus), s'associe un temps avec eux, notamment pour l'album *Rum, Sodomy & The Lash* en 1985, dont il est le producteur et qui leur donne plus de visibilité. La chanson *Dirty Old Town* est devenue un classique du répertoire irlandais et a été reprise par de nombreux interprètes dont The Dubliners*, Tom Waits, Simple Maid et U2*. Leur carrière s'étale sur une dizaine d'années avant l'éclatement du groupe en 1996. Leur nom reste le symbole d'une époque flamboyante et agitée, tant sur le plan social que culturel et musical.

POMME DE TERRE

Comme chacun sait, c'est Antoine-Augustin Parmentier (1737-1813), un pharmacien français, militaire, agronome, nutritionniste et hygiéniste, qui introduisit dans l'alimentation humaine la pomme de terre, jusque-là réservée aux animaux de la ferme. En Irlande, c'est Walter Raleigh (1552-1618) qui en prit l'initiative. La pomme de terre (*spuds* en irlandais) devint rapidement le produit de base de l'alimentation quotidienne. Au XVIIIe siècle, selon Arthur Young, les pauvres ne consommaient que de la pomme de terre, de l'avoine et du sel, presque jamais de viande. Vers 1810, chaque personne en Irlande en consommait en moyenne 5 kg par jour, et un peu plus juste avant la Grande Famine*! D'après les spécialistes, 5 kg de pommes de terre équivalent à 3000 calories et apportent suffisamment de calcium et de vitamines B, C et K. D'où le drame national lorsque l'épidémie de mildiou commença à ravager les cultures en 1845. Aujourd'hui encore, la pomme de terre est l'un des ingrédients principaux de nombreux plats irlandais tels que le *coddle de Dublin*, l'*irish stew*, le *colcannon** ou le *baked potatoes* (pommes de terre farcies à la viande, au fromage ou au coleslaw).

Chaque année, les 11 et 12 juillet, le Walter Raleigh Potato Festival se tient à Youghal (prononcer «Yôl»), dans le sud-ouest du pays, en hommage à Walter Raleigh.

PORTES MULTICOLORES

L'une des caractéristiques de l'Irlande, et particulièrement de Dublin, réside dans ces nombreuses portes de couleur qui ornent les maisons (rouges, bleues, jaunes, vertes, et parfois roses ou mauves). Une légende dublinoise prétend que cette tradition remonterait au XVIIIe siècle. À cette époque, George Moore et Olivier St John Gogarty, deux écrivains célèbres, étaient voisins et partageaient le même amour pour les libations. George Moore aurait peint sa porte en vert pour que M. Gogarty, qui rentrait souvent ivre chez lui, ne la confondît pas avec la sienne; ce dernier, pour les mêmes raisons, aurait peint la sienne en rouge. Si cette légende est battue en brèche par certains, le fait est que nombre d'habitants des élégantes demeures géorgiennes (notamment de riches familles protestantes) prirent peu à peu l'habitude de repeindre leur porte de couleur vive, pour se distinguer de leurs voisins, suivis par la plupart des propriétaires dublinois et irlandais en général. Ils décorèrent aussi richement les heurtoirs, et posèrent de magnifiques croisées en éventail au-dessus de leurs portes. Certaines entrées possèdent encore un *boot scraper* en métal, l'ancêtre du paillasson. Aujourd'hui, les portes colorées font partie intégrante du charme du patrimoine irlandais.

POTEEN

En Irlande, on ne boit pas que de la bière ou du whiskey. On boit aussi de l'eau... et de l'eau-de-vie ! Son nom ? Le *poteen*. Il s'agit d'un alcool à base d'orge ou parfois de pomme de terre, fabriqué clandestinement et dont la tradition remonte à très loin. Par la suite, en produire devint une forme de résistance « politique » du peuple irlandais contre l'Angleterre qui l'avait prohibé. De nos jours, on continue à en faire, mais s'en procurer peut s'apparenter au parcours du combattant, car seules deux marques sont autorisées à la vente au public. La boisson étant illicite, on ne peut en trouver que si on a la chance de connaître un Irlandais ou d'être invité dans un bar clandestin, un *shebeen*.

PRÉNOMS IRLANDAIS

Quel lien unit Edna O'Brien*, Sinéad O'Connor* et Sean O'Casey, outre leur nationalité commune ? Leurs prénoms ! En effet, chacun d'eux porte un prénom typiquement irlandais. Pour les femmes, ceux le plus souvent attribués sont Edna, Sinéad, Kathelyn, Tara et Mary. Quant aux prénoms masculins les plus habituels, arrivent en tête : Sean (qui signifie « don de Dieu » et équivaut à Jean), Patrick (le saint patron de l'île), Dylan (ou Dillon), Matthew (Matthieu), Oisin (Osheen), Aaron, Cian (ou Kian) ou encore David. Plus récemment, d'autres se sont ajoutés à la liste, dont Emily pour les filles, et James pour les garçons.

PROVERBE IRLANDAIS

«Il n'y a que deux sortes de personnes au monde : les Irlandais et ceux qui aimeraient l'être.» Qui peut raisonnablement affirmer le contraire ?

PUB

Si, pour Salvador Dalí, la gare de Perpignan est le centre du monde, le pub est la pierre angulaire de toute la société irlandaise. À la ville ou dans le village le plus reculé, même en pleine campagne, tout bon Irlandais qui se respecte se doit d'y aller au moins une fois par jour, que ce soit le matin avant de se rendre au travail, à l'heure du déjeuner (on y sert une restauration de qualité) ou le soir après sa journée de labeur. Longtemps réservé aux hommes, il est aujourd'hui fréquenté par les deux sexes. C'est là que l'on est confronté au fameux *craic**, cet état d'esprit si particulier qui ne peut s'éprouver qu'en Irlande, dans la chaleureuse ambiance des pubs. Un détail d'importance : le client passe sa commande au bar, paie et prend lui-même son verre pour l'apporter à sa table – une coutume à connaître absolument si l'on ne veut pas passer une soirée entière à attendre en vain d'être servi ! Autre habitude à respecter : il arrive parfois, en certaines occasions, que les clients d'un pub entonnent l'hymne national irlandais. Dans ce cas, il est préférable de se mettre au diapason (ou de faire semblant) et de lever son verre en disant «Cheers !» (Santé !).

En 2018, la République d'Irlande ne comptait pas moins de 7 200 pubs, Dublin à elle seule en dénombrant plus de 700 ! Preuve de leur importance, le Dublin

Literary Pub Crawl, créé par deux Dublinois, propose, au départ de Duke Street et du Duke, une tournée des pubs de la capitale d'une durée de deux heures, agrémentée de commentaires sur l'histoire de la ville et de ses habitants. «Good Food! Good Friends! Good Time!» reste la devise de tout pub irlandais.

PÙCA

Le *púca* (ou *pookas*) est une créature surnaturelle très présente dans les contes* et légendes d'Irlande, au même titre que la *banshee** ou le *leprechaun**. Le terme proviendrait d'un vieux mot celtique désignant un esprit de la nature, racine partagée avec le mot anglais *puck* (lutin). Une autre étymologie veut qu'il soit une déformation de l'irlandais *poc* (bouc). En gaélique, *púca* est le plus souvent traduit par «esprit», «fée» ou «fantôme». Dans la majorité des contes, il prend l'apparence d'un grand animal de couleur noire: cheval, bouc, taureau. Dans le comté de Roscommon, il est souvent décrit comme une grande chèvre à la fourrure noire et aux cornes gigantesques, tandis que dans ceux de Waterford et de Wexford, il prend l'apparence d'un aigle à l'envergure démesurée. Le *púca* peut aussi prendre une forme humaine, en conservant des oreilles ou une queue d'animal qui trahissent sa nature. Selon la légende, la créature arrive par-derrière, s'engouffre entre les jambes de sa victime et l'emmène sur son dos dans un galop endiablé pour la ramener ensuite au même endroit. Parfois, le *pùca* peut se montrer favorable aux humains, pourvu que ceux-ci lui manifestent une marque de respect ou d'attention; dans ce cas, il apparaît sous la forme d'un cheval vigoureux au pelage soyeux.

PULL IRLANDAIS

C'est l'une des grandes spécificités de l'île, notamment de la région de Galway – et sa réputation dépasse les frontières du pays. En grosse laine écrue (100% pure laine vierge), torsadé, le pull avait à l'origine vocation à tenir chaud aux marins en mer et à les protéger de l'humidité. Il se transmettait de père en fils. Sur les îles d'Aran, chaque famille de pêcheurs tricotait son propre motif, ce qui permettait d'identifier immédiatement un noyé ramené sur le rivage. Aujourd'hui, le pull irlandais connaît un effet de mode indéniable... Quasiment inusable, il est proposé dans une gamme de prix à la portée de toutes les bourses.

PUNK

«No future!» affirmait le mouvement punk. Mais certains artistes irlandais, imprégnés de ce mouvement, ont marqué à jamais l'histoire de la musique anglo-saxonne. Kevin Rowland fut l'un des premiers: dès les années 1970, à Dublin, il forme le groupe Dexy's Midnight Runner, avec un répertoire rock décalé, néanmoins influencé par la celtitude. On peut aussi parler des Stiff Little Fingers, ex-Highway Star créés à Belfast en 1977, des Boomtown Rats originaires de Dùn Laoghaire avec leur leader charismatique Bob Geldof, des Blood or Whishey, formés en 1993, des Bloody Irish Boys, créés en 2003 ou, plus récemment, des Touts, originaires de Derry... Mais le groupe punk irlandais historiquement le plus emblématique est bien évidemment The Pogues*.

R

RENAUD

Le chanteur français, grand amoureux de l'Irlande, se devait de magnifier sa passion d'une façon ou d'une autre. Après avoir enregistré, en 1993, un premier titre adapté du classique *The Water Is Wide* sous le nom *La Balade nord-irlandaise*, il organise quatre ans plus tard une tournée discrète, quelques semaines durant, dans les principaux pubs de l'île, de Dublin à Limerick en passant par Cork, Galway et Belfast. Enchanté par l'expérience, il décide, en 2007, de consacrer un album entier à cette musique qu'il enregistre au studio Windmill Lane de Dublin, rendu célèbre par U2* et qui a vu défiler la fine fleur de la scène irlandaise et internationale. Treize titres y figurent, tous issus de chansons traditionnelles, dont cette *Balade irlandaise* qui a donné son nom à l'ensemble.

RÉPUBLIQUE D'IRLANDE

La République d'Irlande (en anglais Irish Republic, en gaélique Poblacht na hÉireann ou Saorstát Éireann) a fêté son premier centenaire en 2016. Elle fut proclamée le 24 avril 1916, à la suite de l'insurrection de Pâques* à Dublin*, qui conduisit à la guerre d'Indépendance de 1919-1921. Ce premier anniversaire a généré de multiples manifestations de soutien, tant en Irlande qu'à l'étranger.

RIVERDANCE

Ce spectacle de danse traditionnelle irlandaise, connu dans le monde entier, est le fruit de l'Eurovision*! À l'origine, cette véritable performance avait été imaginée pour meubler l'entracte du concours européen de la chanson qui se déroulait à Dublin en 1994. La productrice de l'émission avait commandé un intermède d'une dizaine de minutes pour occuper la scène pendant la délibération des votes et tenir les spectateurs en haleine. Ce soir-là, les 24 danseurs (et deux solistes) se voient ovationnés par toute la salle du Point Theatre de Dublin qui, debout, acclame la troupe, éclipsant du même coup la victoire de l'Irlande au concours, remporté par le duo Paul Harrington et Charlie McGettigan. Le succès sera phénoménal. À peine quelques jours plus tard, la musique de Riverdance sort en CD : elle devient numéro un des ventes en Irlande pendant dix-huit semaines et compte parmi les meilleures ventes en Angleterre. Cette réussite poussera ses créateurs (le compositeur Bill Whelan et le chorégraphe Michael Flatley) à monter un spectacle à part entière, de plus de deux heures, qui se joue depuis à guichets fermés.

Aujourd'hui, Riverdance est constitué de trois troupes : l'une se produit en Amérique du Nord (The Boyne), une autre en Irlande (The Foyle) et la troisième (The Corrib) tourne au Royaume-Uni et en Europe. Depuis, Michael Flatley, chorégraphe et danseur vedette de la troupe, a monté son propre show, « Lord of the Dance », conçu sur le même principe et dont un numéro de claquettes irlandaises constitue le clou du spectacle. Il a attiré à ce jour plus de sept millions de spectateurs.

ROBINSON (MARY)

Née en 1944 à Ballina, dans le comté de Mayo, Mary Robinson est la première femme à avoir été élue présidente de la République d'Irlande*, de 1990 à 1997. Cette ancienne étudiante du Trinity College*, ex-avocate et membre du Sénat pendant vingt ans, a renoncé à aller au bout de son mandat seulement quelques semaines avant la fin de celui-ci lorsque Kofi Annan lui proposa le poste de Haut-Commissaire des Nations Unies aux droits de l'homme jusqu'en 2002. On peut dire qu'elle a ouvert la voie car, à sa suite, c'est à nouveau une femme qui fut nommée à la tête du pays, Mary McAleese (originaire d'Irlande du Nord). Mary Robinson s'est illustrée sur tous les combats (Tibet, faim dans le monde, protection des droits de la communauté LGBT, etc.) et a reçu maintes récompenses internationales, notamment la médaille présidentielle de la Liberté des mains de Barack Obama en 2009.

ROCK IRLANDAIS

Y a-t-il un rock typiquement irlandais? Difficile de répondre à cette question! Cependant, il est évident que la scène irlandaise est très active et qu'elle connaît une renommée internationale. Parmi les artistes figurent Bob Geldof, Van Morrison et Rory Gallagher qui, depuis les années 1960, tiennent le haut du pavé. On se doit de citer l'un des plus anciens groupes, Thin Lizzy (et son charismatique leader Phil Lynott), créé à Dublin en 1969, et surtout, le plus fameux, U2*, formé en 1976 à Dublin avec à sa tête Bono, connu tout autant pour sa musique que pour ses engagements politiques et caritatifs. En 1989, à Limerick, deux frères, Noel et Mike Hogan, se lancent dans l'aventure musicale en créant les Cranberries. L'arrivée de la chanteuse Dolores O'Riordan sonne l'envolée vers le succès jusqu'aux USA. En ces mêmes années 1990, les Corrs* voient le jour ; à la fois pop et folk, ils s'exportent rapidement grâce à *Forgiven, Nor Forgoten*. D'autres groupes encore ont marqué le rock irlandais tels que The Divine Comedy, originaire d'Irlande du Nord, ou The Boomtown Rats, formé en 1975 à Dún Laoghaire, dans la banlieue de Dublin. Le rock irlandais fait preuve d'une vitalité étonnante puisqu'il séduit tous les publics et pas seulement celui des pubs dublinois.

ROULOTTE

Ce moyen de transport original fait partie des premiers clichés sur l'Irlande. On s'imagine en effet parfaitement dans une roulotte tirée par un cheval sur une route de campagne verdoyante, traversant les cours d'eau limpide, à la découverte de villages authentiques et fleuris... Ce type d'habitation a longtemps été utilisé par les Travellers*, ces Irlandais nomades qui pratiquaient l'élevage et le dressage de chevaux, avant qu'il ne séduise les touristes. Une roulotte peut contenir parfois jusqu'à quatre ou cinq couchettes et est normalement équipée d'une kitchenette et d'un cabinet de toilette. On estime qu'un voyage en roulotte permet de parcourir entre 7 et 20 kilomètres par jour.

ROUX & ROUSSES

Parmi les idées reçues, il en est une qui a la vie dure et

qui n'est pourtant pas totalement étrangère à la réalité : les Irlandais sont roux et ont des taches de rousseurs. En fait, le pourcentage de roux en Irlande représente un peu moins de 10 % de la population, soit environ 450 000 personnes, et cela n'a pas toujours été simple pour eux. Il y a encore quelques décennies, croiser un roux ou une rousse dans la rue était signe de malheur ! Au Moyen-Âge, dans certains pays d'Europe, les roux étaient considérés comme des suppôts de Satan ou des sorciers et risquaient de finir brûlés sur un bûcher. En Transylvanie (la Roumanie actuelle) et en Hongrie, on les prenait pour des vampires* et on les pourchassait. Heureusement, aujourd'hui, ils ne subissent plus d'ostracisme et cette singularité est même devenue, pour certains, fort attirante et sexy. Parmi les personnalités rousses les plus connues, impossible de ne pas citer Maureen O'Hara*. Tous les ans au mois d'août, à Crosshaven, dans le comté de Cork, se tient l'Irish Redhead Convention, la fête des roux, à l'issue de laquelle est désigné un roi ou une reine !

RUGBY

Ce sport quasi national aurait été inventé en 1823 par un certain William Webb Ellis, un prêtre anglais, qui, dans un élan irrépressible, au cours d'un match de football entre des étudiants de la prestigieuse Rugby School d'Angleterre, aurait pris le ballon à pleines mains et l'aurait déposé entre les buts. Le jeu fut apparemment introduit en Irlande en 1854, dans la ville de Cork où Peter Shorten fonda un club. Une quinzaine d'années plus tard, agrémenté de nouvelles règles, le rugby se répandait dans toute l'île. Aujourd'hui, l'équipe nationale de rugby représente à la fois l'Irlande et l'Irlande du Nord – cette situation qui réunit deux entités politiques opposées depuis la partition de l'île en 1922 est unique. Son palmarès au tournoi des Six Nations est de 11 victoires, dont 2 grands chelems en 1948 et en 2009, et 8 victoires partagées. Bien entendu, les Irlandais jouent en vert* et blanc avec le trèfle* de l'IRFU (Irish Rugby Football Union) sur le cœur!

S

SAINTS

Outre saint Patrick*, le patron protecteur de l'île, l'Irlande compte de nombreux saints spécifiques tels Enda, qui se retira au IIIe siècle sur l'île d'Inishmore (îles d'Aran*), où un monastère fut construit ; Ciaran, son disciple, qui fonda par la suite sa propre communauté ; Kevin qui s'isola en ermite dans les montagnes de Wicklow ; Brigid (Brigitte) qui fonda à Kildare le premier monastère mixte réunissant des moines et des religieuses ; Brendan, l'un des premiers à franchir les mers pour porter la bonne parole. On évoque également Colomban l'ancien et Colomban le jeune. Le premier, surnommé « la colombe de l'Église » malgré ses aveuglements religieux, n'hésita pas à lancer une guerre contre le roi Belbulben qui avait pris fait et cause contre lui lors d'un jugement. Le second partit faire du prosélytisme en France et en Italie où il fit édifier plusieurs monastères, notamment en Bourgogne et en Lombardie.

SAINT PATRICK

De son vrai nom Maewyn Succat (vers 385-461), devenu évêque, il prit le nom de Patrick (forme anglophone de Patrice) et est depuis le saint protecteur du pays. Il est considéré comme l'évangélisateur de l'Irlande. Son histoire est plutôt haute en couleur.

Adolescent, il fut capturé par des pirates et vendu ensuite comme esclave. C'est alors que, vivant dans une cage pendant six ans, il commença à développer sa foi chrétienne. Après sa captivité, il s'enfuit et se réfugia en Gaule où il entreprit des études de théologie. Il devint bientôt évêque et fut chargé par le pape Célestin Ier de retourner en Irlande pour évangéliser le pays. Une autre version le décrit, après son enlèvement, comme gardien de moutons... Une légende prétend que saint Patrick chassa tous les serpents d'Irlande. Il est enterré à Downpatrick, à une trentaine de kilomètres de Belfast, comme les deux autres saints patrons de l'Irlande, sainte Brigitte et saint Columcille.

SAINT-PATRICK (LA)

La Saint-Patrick est fêtée le 17 mars chaque année, depuis le XVIIe siècle, où elle fut officiellement introduite dans le calendrier liturgique catholique. Ce fut jusqu'en 1970 un jour de piété religieuse, et non de fête, pendant lequel la consommation d'alcool était interdite et les pubs fermés. Depuis les années 1990, le gouvernement a choisi d'en faire une fête quasi nationale en l'associant à un festival. À Dublin, les réjouissances durent quatre jours, la grande parade voit défiler, à grand renfort de musique et de déguisements, divers personnages liés, de près ou de loin, à l'imaginaire irlandais : des drakkars vikings, des *pipe bands* habillés en kilt, des elfes, des sirènes, des *leprechauns* et même Dracula*, souvent incarné par le même comédien d'une année sur l'autre. C'est l'occasion de repeindre la ville en vert*, la couleur officielle du pays, et de boire des litres de bière* jusqu'à plus soif ! Néanmoins, la fête garde toujours une ambiance bon enfant dénuée d'agressivité ou de violence. À Cork, la Saint-Patrick lance le festival de la ville. À Galway, on organise la grande parade comme à Dublin et, à Belfast, un carnaval se clôt sur un concert géant. La Saint-Patrick est une fête populaire, familiale et fédératrice. Tout bon Irlandais se doit d'y participer et d'apporter sa pierre à l'édifice, sous quelque forme que ce soit, pour que, justement, cette journée se déroule dans la joie et la bonne humeur. Il est à noter que les réjouissances les plus spectaculaires n'ont pas lieu en Irlande mais... à New York* où se tient la plus grande parade de la Saint-Patrick, celle-ci ayant été importée aux États-Unis par les immigrants irlandais au moment de la Grande Famine*.

SAINT-PATRICK (CATHÉDRALE)

Ce bel édifice gothique à l'apparence austère fut édifié au XIIe siècle et rénové dans les années 1860 grâce au mécène Benjamin Guinness* – qui laissa son nom à un autre monument de la culture irlandaise. Selon la légende, saint Patrick aurait baptisé les premiers fidèles en terre d'Irlande sur ce qui était déjà un lieu de culte. La cathédrale eut pour doyen Jonathan Swift*, plus connu comme l'auteur des *Voyages de Gulliver*. Son masque mortuaire est exposé à l'intérieur de la cathédrale; l'emplacement de sa tombe est indiqué par une plaque de cuivre scellée dans le sol.

SAMAIN

Samain (Oidhche Samhan en irlandais) est la fête

celtique la plus ancienne et la plus importante. Symbole de la fin de l'année, elle se déroule dans la nuit du 31 octobre au 1er novembre, pendant laquelle le monde des morts et des entités invisibles trouve un passage pour s'interpénétrer avec le monde des vivants. Cette nuit-là, toutes les créatures extraordinaires, fées, sorcières, trolls, sont libres de commercer avec les humains.

À l'origine, Samain s'étalait sur plusieurs jours pendant lesquels on célébrait l'événement avec des danses et des banquets gigantesques. Il s'agissait d'honorer aussi les divinités susceptibles de favoriser les bonnes récoltes. Pour l'occasion, les druides cueillaient du gui, symbole d'immortalité et de renouveau. La tradition s'est prolongée dans le rite chrétien, au moment de Noël. On allumait de grands bûchers autour desquels se déroulaient toutes les cérémonies. Par la suite, Samain s'est peu à peu transformée en fête des morts et des saints pour devenir la fête d'Halloween* que nous connaissons davantage aujourd'hui.

SAUMON

Qui n'a jamais rêvé d'un séjour passé en Irlande pour aller à la pêche au saumon sauvage sur un lac bleu d'azur ou dans une rivière claire et poissonneuse? Le pays est réputé idéal pour ce genre d'exercice sportif et sain. De nombreuses espèces de poissons vivent dans les eaux irlandaises, mais les plus recherchées, outre le saumon, sont la truite, le bar, la perche et le brochet. La saison de pêche varie selon les poissons. Pour le saumon, elle est autorisée en général du 1er janvier au mois de septembre, et c'est surtout dans l'ouest de l'Irlande, notamment dans les rivières et les lacs du Connemara que l'on en trouve le plus. D'un point de vue culinaire, l'*irish smoked salmon* (fumé) est évidemment le plus apprécié et peut se servir avec du coleslaw. Ces dernières années, l'Irlande s'est évertuée à produire du saumon bio (la production annuelle avoisine les 17000 tonnes).

SECRET SANTA

Cette tradition irlandaise, appelée également « Kris Kindle », est largement répandue dans les milieux étudiants mais, depuis quelques années, elle s'est propagée dans le secteur de l'entreprise. C'est une coutume qui, au moment de Noël*, consiste à échanger des cadeaux entre amis ou collègues de travail. Chacun se voit attribuer aléatoirement le nom d'un de ses camarades à qui il devra offrir quelque chose ; c'est un moyen pour beaucoup d'offrir et de recevoir un présent à un coût modéré tout en évitant la multiplication des cadeaux. Il faut avouer qu'en temps de crise, cette pratique est la bienvenue et semble avoir encore de beaux jours devant elle ! Une autre tradition étudiante veut que l'on fasse, dans la même soirée, une tournée de 12 pubs*, vêtu d'un bonnet ou d'un pull de Noël, en buvant dans chaque pub... sans tomber dans l'ivresse !

SETTER IRLANDAIS

Comment rester insensible au charme et au regard tendre d'un setter irlandais, *le* chien irlandais par excellence ? L'origine de l'Irish Red Setter, dit aussi « diable rouge », est incertaine, mais on pense qu'il vient d'un mélange d'épagneuls de terre. Il fut importé en Irlande par les Espagnols lorsque ceux-ci prêtèrent main-forte aux Irlandais dans leur rébellion contre les Britanniques. À l'origine, la couleur de cette race (créée dès 1800) n'était pas unie, mais un mélange de roux et de blanc. La couleur acajou que nous lui connaissons aujourd'hui fut obtenue par sélection. C'est la création de l'Irish Setter Red Club, en 1882, qui favorisa son expansion dans toute l'Europe. D'un caractère intelligent, agréable, affectueux et fidèle, le setter est aussi un remarquable chien de chasse tout autant qu'un agréable compagnon.

SHAW (GEORGE BERNARD)

C'est au 3 Upper Synge Street, à Dublin, que George Bernard Shaw (1856-1950) voit le jour dans une famille protestante aisée. Étudiant brillant, il fait ses études à Trinity College* et, quelque temps plus tard, s'installe à Londres où sa mère s'est réfugiée pour fuir un mari alcoolique. Il y découvre l'œuvre de Karl Marx et dès lors adhère au socialisme. Parallèlement à son militantisme politique, il se lance dans l'écriture. Ses romans sont refusés par les éditeurs, et c'est le théâtre qui va le révéler. Il écrit près d'une cinquantaine de pièces, mais devient surtout un critique d'art et de musique féroce et redouté. En 1894, il connaît un succès international avec *Le Héros et le soldat*, une pièce qui sera montée jusqu'à New York*. En 1925, il reçoit le prix Nobel* de littérature. Plusieurs de ses œuvres ont été portées à l'écran, telles *Sainte Jeanne* par Otto Preminger, avec Jean Seberg (1957), et surtout *Pygmalion*, connue au cinéma sous le nom de *My Fair Lady*, par George Cukor, avec Rex Harrison et Audrey Hepburn (1964).

SHELBOURNE HOTEL

Quelle plus belle adresse pour aller prendre un thé lors du *five o'clock**? En plein centre de Dublin*, à St Stephen's Green, l'un des squares les plus élégants de la ville, le Shelbourne Hotel, construit en 1824 par un certain Martin Burke, a vu défiler dans ses salons les plus grands noms de la scène internationale. Au XIXe siècle, toutes les gloires du théâtre y faisaient escale, notamment la star victorienne de l'époque, Henry Irving. Mais il était aussi de bon ton de s'y rendre pour déjeuner, dîner ou simplement boire un verre. C'est encore le cas aujourd'hui, et il n'est pas rare d'y croiser des personnalités des arts et des lettres, de la chanson ou du cinéma. Son aura est telle que de grands auteurs comme Elizabeth Bowen ou James Joyce* (dans son roman *Ulysse**) n'ont pas hésité à y planter le décor d'une de leurs histoires. Le Shelbourne Hotel s'impose comme l'un des grands établissements mythiques de la vie dublinoise.

SOCIÉTÉS SECRÈTES

Attirée par l'étrange et l'irrationnel, l'Irlande devait être sensible à la théâtralité et aux rites mystérieux des sociétés secrètes. Deux d'entre elles furent le creuset de mouvements tant intellectuels que politiques. La première, l'Irish Republican Brotherhood, créée à Dublin en 1858 par Stephen James, eut au même moment son équivalent à New York*, la Fraternité républicaine irlandaise. Eamon de Valera*, président de la République d'Irlande de 1959 à 1973, en fut l'un des affiliés. Toutes deux créées pour lutter contre l'impérialisme des Anglais et se libérer de leur coupe, elles donneront naissance, par la suite, à l'Irish Republican Army (l'IRA), l'Armée républicaine irlandaise.

La deuxième société secrète importante, l'Hermetic Order of the Golden Dawn in the Outer, est une société initiatique fondée à Londres en 1867 et reprise, à la mort de son fondateur en 1887, par Samuel Mathers, un obscur rosicrucien autoproclamé mage. La secte fondait son enseignement sur l'initiation des grands textes sacrés de l'Égypte ancienne, notamment *Le Grand Livre des Morts*, et trouvait ses membres dans la meilleure société, auprès des artistes, écrivains et scientifiques de renom. Parmi ses membres figurent diverses célébrités britanniques, mais aussi dublinoises. Constance Wilde, l'épouse d'Oscar Wilde*, Florence Farr, une actrice proche de George Bernard Shaw*, Maud Gonne, nationaliste irlandaise bien connue, tous adhérèrent à cet ordre secret, et surtout le poète William Butler Yeats* qui deviendra grand maître du Temple à Dublin. Certains citent aussi Bram Stoker*, sans que personne soit jamais parvenu à le prouver.

Une autre société secrète, plus versée encore dans l'occultisme et la magie noire, The Hell-Fire Club*, a marqué les esprits au XVIIIe siècle dans la région de Dublin, mais est restée cantonnée à un registre plus folklorique et beaucoup moins glorieux.

SOUS-MARIN

Quel point commun les Beatles* partagent-ils avec les Irlandais? Réponse: le sous-marin! Les premiers l'ont chanté en 1966 (*Yellow Submarine*), les seconds l'ont inventé. En effet, c'est un Irlandais, John Philip Holland qui, le premier, a eu l'idée de créer cet appareil. Né en 1840 dans le petit village de Liscannor (comté de Clare), Holland rejoint à 33 ans ses frères et sœurs à New York* où ils avaient émigré avant lui. Passionné depuis toujours par les histoires de Jules Verne, il se met en tête d'inventer un engin capable d'aller sous l'eau à l'image du capitaine Nemo dans *Vingt mille lieues sous les mers*. Ses travaux l'occupent plusieurs années. Finalement, il parvient à concevoir un prototype qu'il propose à la Marine des États-Unis, laquelle ne le prend pas au sérieux et le considère comme un doux illuminé. Grâce à sa persévérance, il parvient pourtant à faire aboutir son projet et le vend à une société américaine du New Jersey, Tom & Rafferty's. Réalisant son erreur, l'armée américaine lui rachètera son brevet en 1900 pour la somme dérisoire de 150 000 dollars et baptisera son premier sous-marin du nom d'USS Holland (SS-1).

SPIRE

Depuis quelques années, un étrange pieu géant semble planté en plein cœur de la ville de Dublin, ou plus exactement en surgir, lancé vers le ciel. Cette flèche en acier gigantesque, d'une hauteur de 120 mètres, érigée sur le terre-plein central d'O'Connell Street, est appelée The Spire (la pointe). Elle marque l'entrée du pays dans le second millénaire et symbolise sa modernité. Celle qu'on surnomme le Monument à la Lumière (« Monument of Light ») fut conçue par le cabinet Ian Ritchie Architects et devait être achevée pour le passage à l'an 2000 mais ne fut inaugurée que trois ans plus tard, en raison de problèmes administratifs. C'est à ce jour la plus haute sculpture du monde.

STOKER (BRAM)

L'Irlande représente un extraordinaire vivier au sein de la littérature fantastique. Bram Stoker, auteur de la plus célèbre histoire de vampire, est l'un de ses plus remarquables représentants. Abraham Stoker a vu le jour en 1847 à Clontarf*, petit village au nord-est de la capitale. Sa maison natale, encore visible au 15 Crescent Marino, se caractérise par une porte de couleur rouge. Après des études à Trinity College*, Stoker réside en centre-ville, au 17 Buckingham Road Upper, près de Connolly Station, puis au 30 Kildare Street où une plaque* est apposée à sa mémoire, et au 16 Harcourt Street, près de St Stephen's Green. En 1878, il s'exile à Londres pour mener une brillante carrière d'administrateur de théâtre, au Lyceum Theatre de Londres, et d'homme de lettres. Le roman épistolaire qui fit sa renommée internationale, *Dracula*, publié en 1897, donnera naissance à une multitude de traductions et d'adaptations cinématographiques. L'attraction Dracula Castle, créée à Clontarf, permet de retrouver l'univers du roman. Aujourd'hui, un exemplaire de l'édition originale est visible à l'Irish Writers Museum* et un mannequin à l'effigie du vampire est exposé, dans son cercueil, au Wax Museum*. Quant à Stoker, décédé en 1912 à Londres, ses cendres reposent au colombarium de Golder's Green, dans la capitale britannique, aux côtés de son fils Noël.

Chaque année au mois d'octobre, un festival dublinois, le Bram Stoker Festival rend hommage à l'écrivain, autour de colloques, projections de films, pièces de théâtre inspirées de son œuvre phare, ainsi que divers produits dérivés relatifs au célèbre vampire. Ambiance gothique garantie, mais qui n'exclut pas le sérieux des interventions, au cours desquelles de nombreux spécialistes et universitaires internationaux dissertent à l'envi sur le maître des lieux!

STOUT

Ce terme, qui signifie « fort », est apparu dès le XIVe siècle pour désigner les bières* irlandaises, épaisses et sombres en raison de leur teneur en grains hautement torréfiés, à la différence des bières blondes. Cette technique particulière mélange l'orge et le malt à un très haut degré, ce qui donne au *stout* (on dit « un » *stout* et non « une » *stout*) sa couleur noire et son goût caractéristique, légèrement caramélisé. Outre la Porter et la Guinness* qui en sont des exemples types, d'autres marques méritent d'être goûtées : la Murphy, la Beamish, la Smithwick & Son ou encore la Caffrey. Il existe également des bières « extra-stout », qui sont encore plus fortes, vendues uniquement en Irlande et en Angleterre. On compte trois types de *stouts* : l'Irish Stout, le moins fort en alcool (4,5 % d'alcool), le Milk Stout, plus crémeux et plus onctueux (6 % d'alcool), et l'Imperial Russian Stout, le plus titré en alcool (aux alentours de 10 %). De même que la Guinness a son Arthur's Day, le *stout* a aussi sa fête, l'International Stout Day, qui se célèbre le 8 novembre.

SURF

Et si l'Irlande était le nouveau paradis des surfeurs ? Après Hawaï et Nazaré, au Portugal, l'île verte semble bien devenir un nouvel Eldorado pour les passionnés de planche à voile. Désormais, c'est à Mullaghmore, dans le Donegal, qu'il faut aller pour éprouver des sensations fortes. La nouvelle idole de ce sport de haut vol est d'ailleurs un certain Gearoid McDaid, Irlandais et fier de porter haut les couleurs de son pays dans les récentes compétitions internationales, rivalisant ainsi sans peine avec les champions en place !

SWIFT (JONATHAN)

Forte personnalité, contestataire invétéré, le Dublinois Jonathan Swift (1667-1745) est ordonné pasteur à l'âge de 28 ans, dans le comté d'Antrim. Parallèlement à sa charge, il écrit et publie ses premiers textes déjà teintés de sarcasme et d'ironie. En 1710, dans *Méditations sur un manche à balai*, il s'insurge contre l'union entre l'Angleterre et l'Écosse. Trois ans plus tard il est nommé doyen de la cathédrale St-Patrick* de Dublin mais il n'accédera pas à l'évêché, par une décision de la reine Anne, à cause de la satire virulente des *Contes du tonneau* dans lesquels il se montre incisif vis-à-vis des anglicans comme des catholiques. C'est pourquoi, en 1726, il choisit de publier *Les Voyages de Gulliver* sous un pseudonyme, Lemuel Gulliver. Le roman rencontrera un énorme succès, tant en Angleterre qu'en Irlande. C'est toujours sous le masque de la dérision qu'il prend fait et cause pour les pauvres en Irlande.

SYNGE (JOHN MILLINGTON)

Artisan du Celtic Revival* avec William Butler Yeats* et Lady Gregory*, John Millington Synge, comme tout Dublinois de bonne famille (protestante), fait ses études à Trinity College*. Il se passionne pour la musique et décide de devenir musicien professionnel. Pour ce faire, il part étudier en Allemagne, puis, peu convaincu de ses dons, revient en Irlande avant de s'exiler quelque temps à Paris où il s'inscrit à la Sorbonne. De retour une fois de plus à Dublin et après une déception amoureuse due à des divergences religieuses avec sa promise (il a renié la religion protestante), il rencontre Yeats avec lequel il se lie d'amitié. Le poète lui conseille de s'établir dans les îles d'Aran* pour y trouver la sérénité (ce qu'il fera), et ce sera pour lui une source d'inspiration infinie. Avec Yeats et Lady Gregory, ils fondent l'Abbey Theatre* de Dublin. Il y montera la plupart de ses pièces (souvent inspirées par son séjour à Aran), *L'Ombre de la Vallée* (*The Shadow of the Glen*) et surtout *Le Baladin du monde occidental* (*The Playboy of the Western World*), qui déclenche en 1907 un énorme scandale à Dublin. On l'accuse de donner une image dégradante du pays. La pièce raconte l'arrivée d'un jeune homme, Christy Mahon, dans un village de l'ouest de l'Irlande. Christy prétend avoir tué son père. Les habitants ne le jugent pas mais, lorsque son père revient, révélant le mensonge du fils, ce dernier est méprisé par toute la population qui le prend pour un menteur et un lâche. La pièce est depuis devenue l'une des œuvres maîtresses du répertoire de l'Abbey Theatre et du théâtre irlandais en général. Synge s'est éteint en 1909 à Dublin à l'âge de 37 ans.

T

TECHNOLOGIES (NOUVELLES)

Eldorado pour les entreprises et les start-up, l'Irlande a accueilli de très nombreuses sociétés multinationales depuis les années 1980, telles que Google, Microsoft, Apple, Yelp ou AirBnB. Avec un taux d'imposition trois fois moindre par rapport aux autres pays de l'Union européenne (12,5 % contre 33 % en moyenne), le Tigre celtique* a été désigné en 2013 par le magazine *Forbes* comme « le meilleur pays pour faire des affaires ». Ce qu'ont bien compris les investisseurs venus s'installer à Dublin, créant ainsi des milliers d'emplois. On estime à ce jour que plus d'un millier d'entreprises travaille dans le secteur des logiciels, qui emploie près de 28 000 personnes – l'Irlande en est le premier exportateur mondial ! Sur les dix sociétés de logiciels les plus importantes dans le monde, sept y sont établies et représentent, à elles seules, 10 % du total des exportations irlandaises. Depuis 2020, suite à l'épidémie de Covid-19, nombre de start-up s'orientent vers la recherche sur les maladies rares, montrant que santé et économie vont de pair.

TIGRE CELTIQUE

Ce surnom fut donné au pays pendant la période faste des années 1990-2000 durant lesquelles les facilités (subventions diverses, exonération ou minorations de taxes) offertes aux sociétés internationales et aux diverses start-up, notamment dans le domaine des nouvelles technologies*, qui s'y installaient, boostèrent son économie. On évoqua alors un véritable « miracle économique », le taux de chômage étant passé de 18 à 4,1 %. Le résultat eut un impact direct sur tous les secteurs, tant financiers que culturels, artistiques et touristiques. Les aides européennes s'ajoutant, le pays renouvela toutes ses infrastructures et se modernisa au point de devenir, en quelques années, l'un des plus performants de l'Europe. Revers de la médaille, l'Irlande fut l'un des États les plus touchés par le ralentissement de la croissance en 2001-2003. Pourtant, après un intervalle de flottement, depuis 2004, le Tigre celtique connaît de nouveau une embellie ; ainsi en 2016, pour la troisième année consécutive, le pays affichait le taux de croissance le plus élevé de l'Union européenne avec 4,9 % contre 1,6 % pour les autres nations. Une bonne raison de ne pas démériter de son titre !

TIPPERARY (IT'S A LONG WAY TO)

Écrite une première fois sous le titre *It's a Long Way to Connemara* par Jack Judge (né en Angleterre, mais de parents irlandais, originaires de Tipperary) et Harry Williams, cette chanson fut modifiée à la suite d'un pari et changea de nom pour devenir *It's a Long Way to Tipperary* en 1912.

It's a long way to Tipperary,
It's a long way to go.

It's a long way to Tipperary
To the sweetest girl I know!
Goodbye Piccadilly,
Farewell Leicester Square!
It's a long long way to Tipperary
But my heart's right there.

La route est longue jusqu'à Tipperary
La route est longue pour y aller.
La route est longue jusqu'à Tipperary
Jusqu'à la fille la plus douce que je connaisse!
Au revoir Piccadilly
Adieu Leicester Square!
La route est longue longue jusqu'à Tipperary
Mais c'est là qu'est mon cœur.

Sa première interprète, Florrie Forde, une chanteuse australienne exilée en Angleterre, en fit un succès au cours d'un spectacle de music-hall sur l'île de Man, en 1913. La chanson fut enregistrée pour la toute première fois en 1914 par le ténor irlandais, John McCormack, avant d'être reprise et popularisée par les Connaught Rangers, le régiment irlandais de l'armée britannique, pendant la guerre de 1914-1918. On la retrouvera plus tard dans différents spectacles et de nombreux films sur cette période comme *La Grande Illusion* de Jean Renoir (1937) ou *Gallipoli* de Peter Weir (1981). Sans doute la chanson irlandaise la plus connue au monde.

TOURBE

La tourbe (*peat* en anglais) est le résultat de la lente maturation de diverses matières organiques (herbes, algues, limon, roseaux, joncs) sur lesquelles se développent des mousses et des sphaignes. Combustible domestique et industriel servant également à la fabrication du whiskey*, elle fut longtemps l'un des moyens de chauffage les plus utilisés en Irlande. Les couches que l'on rencontre dans la campagne mettent environ mille ans pour se constituer et peuvent faire entre 45 centimètres et 12 mètres de profondeur. Les tourbières s'avèrent parfois des pièges mortels pour les hommes ou pour les animaux à cause du sol marécageux qui peut les emprisonner dans sa gangue. Avant de devenir un combustible, la tourbe extraite est d'abord séchée au soleil et à l'air libre, pendant plusieurs mois, puis reconstituée en briques. Les tourbières représentent environ 16 % de la superficie du pays.

TRAVELLERS

Comme les Roms ou les Gitans, les Travellers (ou Irish Gypsies) sont un peuple de nomades irlandais qui se déplacent en roulotte depuis des millénaires. Ils descendent des Tarish. On trouve leur trace dès le Moyen Âge sous le nom gaélique de Lucht Siúil (« peuple marchant »).

Ils vivent de petits travaux, en jouant de la musique ou en fabriquant des objets d'artisanat en vannerie, en cuivre ou en étain. Peu visibles dans les grandes villes, on les croise plus aisément dans les campagnes où ils peuvent bivouaquer facilement. Présents aussi en Angleterre et aux États-Unis, ils utilisent leur propre langue, le shelta. Curieusement, s'ils sont reconnus en Angleterre, ils n'ont pas de véritable statut en Irlande. Le terme *tinker* (« rétameurs ») est parfois employé pour les désigner, mais de façon péjorative. Ils seraient 25 000 dans le pays, dont beaucoup sont les descendants de paysans pauvres expulsés par leurs propriétaires et jetés sur les routes au moment de la Grande Famine*, au XIXe siècle.

TRÈFLE

Cet emblème de l'Irlande doit sa renommée à saint Patrick*. Celui-ci, lors de son évangélisation du pays, l'utilisa pour illustrer la Sainte Trinité (le Père, le Fils et le Saint-Esprit), soit un trèfle à trois feuilles, appelé parfois *Trifolium repens*, qui incarne un seul Dieu représenté par trois entités différentes. Le trèfle (*shamrock*) faisait déjà partie de la culture irlandaise et celtique car on le considérait comme un symbole de vie éternelle et de renaissance. Aujourd'hui, il est représenté notamment sur le logo de la compagnie nationale d'aviation Aer Lingus et sur les maillots de l'équipe nationale de rugby*, surnommée le XV du Trèfle. De même, le Shamrock Rovers Football Club ou encore l'University College Dublin, parmi d'autres, l'utilisent comme symbole identitaire.

TRINITY COLLEGE

Fleuron de la culture irlandaise, fondée en 1591 par la reine Élisabeth Ire, Trinity College fut, pendant très longtemps, la seule et unique université du pays. Citadelle du protestantisme, son accès était interdit aux catholiques jusqu'en 1956. L'Église menaçait alors d'excommunication tout étudiant de religion catholique qui voulait y poursuivre ses études. La grande horloge bleue qui égrène les heures, au fronton de son entrée, aura vu défiler les plus illustres Irlandais, de Charles Robert Maturin à William Butler Yeats*, en passant par Joseph Sheridan Le Fanu*, Oscar Wilde*, Jonathan Swift*, Bram Stoker*, George Bernard Shaw*, James Joyce* ou encore Douglas Hyde.

Outre les nombreux bâtiments destinés aux salles de cours et aux chambres d'étudiants, ainsi qu'un vaste terrain de sport, Trinity College possède une magnifique bibliothèque (Old Library), véritable cathédrale livresque de 65 mètres de long et de 15 mètres de haut, construite au XVIIIe siècle. Elle abrite l'un des plus vieux ouvrages du monde, *The Book of Kells**. Cet ensemble de bâtiments austères et majestueux reste l'un des lieux les plus visités de la capitale. Une légende prétend que, certaines nuits, on peut voir le fantôme du Dr Samuel Clossey, un chirurgien réputé du XVIIIe siècle, déambuler dans les couloirs et les jardins de Trinity, portant une valise contenant des instruments de chirurgie et des membres humains amputés à ses victimes. Le médecin aurait assassiné plusieurs personnes pour mener à bien ses recherches sur le corps humain. Une légende qui fait écho à celle située à Edimbourg, concernant le Dr Knox, coupable lui aussi des mêmes faits, un siècle plus tard.

TRISKELL

Remontant à l'âge de fer et présent dans tous les pays de culture celtique (Irlande, Bretagne, Galice en Espagne, Écosse, île de Man) sur de nombreux monuments, sites archéologiques, bijoux, etc., le *triskell* se compose de trois spirales réunies en un point central. Pour certains, il représenterait les trois éléments essentiels (terre, feu et eau), pour d'autres, il serait relatif aux trois grands dieux de la mythologie celtique (Lug, Dagda et Ogme) ; pour d'autres encore, il évoquerait les trois âges de la vie (jeunesse, âge mûr et vieillesse) ou les trois temps universels (passé, présent, futur).

TRISTAN & ISEULT

Ce texte de tradition celte date du XIIe siècle. Selon certaines versions, l'histoire de Tristan et Iseult (ou Isolde) serait originaire de Bretagne ou de Cornouailles, alors que d'autres sources l'affirment irlandaise. Si les récits divergent, la trame centrale reste la même : Tristan, jeune chevalier et neveu du roi Marc, se rend auprès de la reine d'Irlande pour demander, au nom du roi, la main de sa fille Iseult. La souveraine accepte et Tristan est chargé de ramener Iseult auprès de son futur époux. Au cours du voyage, Iseult tombe amoureuse de Tristan, mais le mariage avec le roi Marc est célébré, au désespoir des deux jeunes gens. Par la suite, le roi surprend les deux amants et renvoie Iseult en Irlande. Tristan tombe malade et meurt de chagrin. Avertie, Iseult revient auprès de son amant et se laisse mourir sur son corps. Les deux amoureux seront enterrés dans une même sépulture, la chapelle du roi Marc. La légende inspira à Richard Wagner l'un de ses plus beaux opéras : *Tristan et Isolde*, créé le 10 juin 1865 à Munich. Au cinéma, la plus célèbre adaptation du mythe courtois (signée par Jean Cocteau), *L'Éternel Retour*, fut réalisée en 1943 par Jean Delannoy, avec Jean Marais et Madeleine Sologne.

U

ULSTER

Même si Belfast est leur capitale commune, l'Ulster, province historique de l'Irlande, n'est pas l'Ulster nation constitutive du Royaume-Uni, appelée plus communément Irlande du Nord. Seuls six de ses comtés (Antrim, Armagh, Derry, Down, Fermanagh et Tyrone) sur les neuf qui la forment sont membres de cette dernière, alors que trois (Cavan, Donegal et Monaghan) sont intégrés à la République d'Irlande depuis la partition en 1922. La langue* officielle en Irlande du Nord n'est pas le gaélique, mais l'anglais, et environ 100 000 personnes parlent le « scots d'Ulster », une langue germanique proche de l'anglais considérée comme un idiome régional. Moins visitée que la République d'Irlande, l'Irlande du Nord possède néanmoins de nombreux sites touristiques (comme les monts Mourne ou la Chaussée des Géants pour ne citer que les plus célèbres).

ULYSSE

Ce roman de l'écrivain dublinois James Joyce*, paru en 1922, est unanimement considéré comme l'un des grands chefs-d'œuvre de la littérature mondiale du XXe siècle. Censé se passer le temps d'une seule journée, le 16 juin 1904, il raconte les pérégrinations de trois personnages, Leopold Bloom, Stephen Dedalus et Molly

Bloom, dans les rues de la capitale irlandaise, de huit heures du matin à trois heures de la nuit. Décrit par beaucoup comme l'*Odyssée* du XXe siècle, *Ulysse* est un long voyage dans les rues de Dublin, mais également une sorte d'introspection dans la vie intime des trois personnages, au gré d'une somme inouïe de styles, de tons, de dialogues et de monologues rarement rencontrés dans un seul et même livre. Cette comédie humaine des temps modernes brasse divers thèmes, la vie, la mort, l'art, la religion et le sexe. Publié en feuilleton dans un magazine pour la première fois aux États-Unis, il suscita une vive controverse : jugé obscène, il y fut interdit jusqu'en 1931. En France il fut traduit grâce à une admiratrice et mécène de Joyce, Sylvia Beach, qui le fit publier à la libraire Shakespeare & Compagnie en 1922. *(Voir aussi Bloom's Day)*

U2

U2 est sans nul doute le groupe de rock* irlandais le plus connu au monde. Si, dans les années 1960, les Beatles* pouvaient se déclarer aussi célèbres que Jésus-Christ, le groupe peut s'enorgueillir d'être connu sur toute la planète ! Formé en 1976 à Dublin par Paul Hewson (alias Bono) au chant et à la guitare, David Howell Evans (dit The Edge) à la guitare, au piano et au chant, Adam Clayton à la basse et Larry Mullen Jr. à la batterie, le groupe s'est d'abord appelé Feedback, puis The Hype avant de choisir son nom définitif. C'est la rencontre, en 1978, avec Paul McGuinness, un homme d'affaires et leur futur manager, qui fait décoller leur carrière. Leur premier single, *Three*, sort en 1979, et leur premier album, *Boy*, sur lequel figure *I Will Follow*, un an après. C'est en 1983 avec *War* qu'arrive la consécration, notamment grâce au titre *Sunday Bloody Sunday*, qui dénonce les troubles politiques en Irlande du Nord.

Bono, quant à lui, est devenu une icône internationale. Ses combats pour les causes pacifiques et humanitaires ont fait de lui un porte-parole écouté et respecté. En 1985, il participe au Band Aid* d'un autre Dublinois, Bob Geldof, contre la famine en Éthiopie. Dès lors, totalement engagé en politique comme dans l'humanitaire, il sera de toutes les causes. En 2002, il créa une organisation appelée DATA (Debt, Aids, Trade in Africa) dont le but était d'informer sur les dettes des pays d'Afrique, l'épidémie du sida et les règles du commerce équitable. Son engagement est tel qu'il est cité par deux fois pour recevoir le prix Nobel* de la paix, en 2003 et en 2005. Pourtant, en dépit d'une notoriété sans faille, en 2012, Bono a été la victime d'une mésaventure assez cocasse. La veille de Noël*, alors qu'il entamait un concert acoustique improvisé dans Grafton Street à Dublin, il fut interpellé par des policiers qui l'avaient pris pour un simple *busker**. Devant les protestations de la foule qui, elle, avait reconnu Bono, le concert put reprendre ! En 2020, émus par l'épidémie de coronavirus, Bono et son groupe ont fait don de 10 millions d'euros pour l'achat d'équipements destinés au personnel soignant, et le chanteur a mis aux enchères le texte manuscrit de sa chanson *I Still Haven't Found What I'm Looking For* (1987), qui a rapporté 76000 $!

V

VALERA (EAMON DE)

George Edward de Valera (1882-1975), en gaélique Eamon de Bhailéara, né à New York d'un père espagnol et d'une mère irlandaise, est considéré comme le père de la nation. Envoyé dans sa famille à Limerick, il s'affirme en fervent défenseur de la langue irlandaise et devient membre des Irish Volunteers. Il participe à l'insurrection de Pâques*, en 1916, à Dublin, ce qui lui vaut une peine d'emprisonnement, puis d'être reconnu pour son action et élu président du premier parlement irlandais (Dail Eirann) en 1919. Il démissionne deux ans plus tard, refusant les termes du traité négocié par Michael Collins, qui acceptait la partition de l'Irlande. En 1932, son nouveau parti politique, Fianna Fail (« Soldats de la Destinée »), gagne les élections au Dail Eirann, et il est nommé Premier ministre. Ses quinze années au gouvernement ont marqué, entre autres, par l'abrogation du serment d'allégeance à la Couronne, par une nouvelle constitution définissant l'Eire (1937) et par une politique de neutralité pendant la Seconde Guerre mondiale. Figure estimée et respectée du pays, il fut élu Président de 1959 à 1973.

VAMPIRES

Légendes et réalité se confondent parfois de façon

inattendue. En 2004, un groupe d'archéologues fait une découverte dans le village de Kilteasheen (comté de Roscommon). En fouillant d'anciennes sépultures remontant au VIIIe siècle de notre ère, ils mettent au jour deux squelettes présentant une particularité pour le moins singulière, voire inquiétante. Tous leurs membres sont brisés et posés délibérément en désordre au fond de leur sépulture, une pierre coincée entre les dents. Pour Chris Read, l'initiateur de ces fouilles, ce fait divers démontre que les Irlandais de l'époque redoutaient de voir leurs morts revenir les hanter et faisaient tout pour rendre la chose impossible ou pour la compliquer. Cette croyance aux morts-vivants serait donc bien antérieure à la mode exploitée par la littérature gothique aux XVIIIe et XIXe siècles. Rien d'étonnant à ce que des Irlandais tels que Sheridan Le Fanu* et Bram Stoker* aient écrit deux textes fondateurs de la littérature vampirique, *Carmilla* et *Dracula**.

VÉLO

Le cyclisme est aussi un sport très pratiqué en Irlande. Le pays possède de grands champions tels que Seamus Elliot (1934-1971), premier cycliste irlandais à avoir fait carrière sur le continent européen et à avoir porté le maillot jaune du Tour de France en 1962, ou Stephen Roche qui compte 58 victoires à son palmarès et qui est le seul coureur, avec Eddy Merckx, à avoir réussi le triplé Tour de France, Tour d'Italie et Championnat du monde la même année, en 1987.

Pour les cyclistes aux ambitions plus modestes, il existe à Dublin, depuis 2015, le Lazy Bike Tour, qui propose la location de vélos électriques permettant de rouler jusqu'à 25 km/h, avec possibilité de filmer la promenade en webcam, accompagné de deux guides qui emmènent le visiteur dans les quartiers les plus connus comme les moins touristiques, une façon d'équilibrer la visite entre l'incontournable et l'inattendu.

VERT

Ce n'est certes pas un hasard si l'Irlande est surnommée la verte Erin. Il n'est que de se promener dans la campagne pour en être convaincu : de l'herbe des prairies et des pâturages à l'eau des lacs ou de la mer selon les moments de la journée, le vert est partout. On le retrouve sur nombre d'objets ou symboles du pays : du drapeau* national aux maillots des équipes sportives, en passant par les compagnies de transport (bus, train, DART*), les diverses babioles estampillées *made in Ireland* (porte-clefs, tasses, mugs, verres, tee-shirt, écharpes, cartes postales, posters, sets de table, etc.), sans parler de la Saint-Patrick* où le vert est quasi omniprésent et obligatoire ce jour-là, jusqu'à l'eau de certaines fontaines parfois colorée en vert pour la circonstance ! En ouverture de son roman *La Baleine de Dublin*, Ray Bradbury écrit : « Debout sur le pont du ferry à Dún Laoghaire, j'ai regardé à terre et j'ai vu l'Irlande. Elle était verte [...] Voyant cette lumière, l'herbe, les collines et les ombres, je m'écriai : "C'est vert ! Comme sur les affiches touristiques ! L'Irlande est *vraiment* verte ! Ça alors ! Elle est verte !" ». À moins d'être daltonien, personne ne vous contredira si vous l'affirmez.

W

WAKE

C'est le nom donné à la veillée funèbre à laquelle participent les parents, les amis et voisins du défunt, et à propos de laquelle les Irlandais déclarent, non sans humour, que « le mort se doit d'être de la partie » ! Bien que de plus en plus rare dans les villes, cette pratique se perpétue encore dans les campagnes et les villages. En littérature, on en trouve la trace notamment chez Maturin, Le Fanu* ou Joyce*.

WALL OF FAME

Cette sorte de galerie à ciel ouvert, créée en 2003, se trouve dans le quartier de Temple Bar, au cœur de Dublin*. Il s'agit d'un mur exposant des photos de nombreux chanteurs, chanteuses et musiciens irlandais, de U2* à Rory Gallagher en passant par Phil Lynott, Sinéad O'Connor* ou les Cranberries. De quoi ravir les fans.

WAX MUSEUM

Juste à côté de la célèbre université de Trinity College*, ce musée Grévin à l'irlandaise s'élève sur quatre niveaux. Il consacre plusieurs salles à l'histoire politique du pays et à de grandes figures historiques comme Daniel O'Connell*, et reconstitue notamment une scène durant la Grande Famine*. Dans une autre salle, la préférée des enfants, l'imaginaire s'en donne à cœur joie, représentant cette fois des personnages issus des légendes celtes tels que les *leprechauns* ou des elfes. Plus impressionnante, « la chambre des horreurs » met en scène quelques figures du cinéma d'épouvante, Frankenstein sur son lit de torture, Dracula* dans son cercueil, Hannibal Lecter, le serial killer du *Silence des agneaux* ou encore l'épouvantable Freddy Kruger des *Griffes de la nuit*. Mais qu'on se rassure : on y rencontre aussi Harry Potter et Gollum, le personnage du *Seigneur des anneaux*, ou bien des stars du show-biz, le King ou même James Bond* sous les traits de Pierce Brosnan. Une pièce est entièrement dédiée aux grands écrivains irlandais parmi lesquels on reconnaîtra aisément James Joyce*, Samuel Beckett*, Brendan Behan* ou Oscar Wilde*. Le lieu idéal où se perdre par une pluvieuse après-midi dublinoise !

WHISKEY

Si le vin rouge est immédiatement identifié comme français, la bière* et surtout le whiskey sont d'emblée associés à l'Irlande (le *whiskey* est produit uniquement en Irlande et aux États-Unis, alors que le *whisky* est originaire d'Écosse ou d'autres pays, comme le Japon, qui distillent leur propre alcool selon la méthode écossaise). Cette tradition remonte au Ve siècle : saint Patrick* aurait rapporté d'Égypte un alambic que l'on utilisait jusque-là pour distiller des parfums. Inventifs, les Irlandais eurent l'idée de distiller de l'eau et de l'orge pour faire de l'eau-de-vie, devenant par la suite le whiskey que l'on connaît aujourd'hui. La particularité du whiskey irlandais est qu'il est distillé trois fois au lieu de deux pour le whisky produit en Écosse. Le séchage de l'orge en four fermé est une autre caractéristique propre à l'*irish whiskey* qui permet d'en distiller trois types : le *pot still whiskey*, le *single malt whiskey* et le *single grain whiskey*. Le mélange d'au moins deux d'entre eux permet d'en créer un quatrième, le *blended whiskey*. Quelques marques sont représentatives, dont Jameson (jadis distillé à Dublin dans Bow Street où l'on peut trouver un musée Jameson, et aujourd'hui produit dans le comté de Cork, à Midleton) et Paddy (créé à Cork et certainement l'un des plus bus au monde).

Enfin, l'Irish Mist*, aux arômes de whiskey, de miel et d'épices, est un alcool connu depuis près de mille ans. Le Bailey's Irish Cream est, lui, un mélange de café, de sucre, de whiskey et de crème, avec un petit arrière-goût caramélisé de noisette et d'amande.

WILDE (OSCAR)

Sans aucun doute l'une des personnalités les plus excentriques et les plus atypiques des lettres irlandaises. Oscar Fingal O'Flahertie Wills Wilde (1854-1900), né à Dublin, a grandi au 1 Merrion Square. Comme tout jeune Dublinois, Wilde fait ses études au Trinity College* de la ville. Il intègre ensuite le Magdalene College de l'université d'Oxford, où il se construit un personnage d'esthète et de dandy et s'illustre comme un excellent orateur, doué d'un sens de l'humour et de la dérision à toute épreuve. Après des études brillantes, il s'installe à Londres où il s'affirme vite comme l'un des meilleurs auteurs de théâtre du moment et l'une des personnalités les plus en vue de la capitale britannique, grâce à de nombreux succès, *L'Éventail de Lady Windermere*, *Un mari idéal*,

L'Importance d'être constant, etc. Il connaît aussi une grande renommée avec *Le Portrait de Dorian Gray*, récit vénéneux d'un jeune dandy sur lequel le temps n'a pas de prise. Tout semble lui réussir, mais ses mœurs dissolues pour l'époque le clouent au pilori de la bonne société victorienne. À l'issue d'un procès pour homosexualité, qu'il perd contre le marquis de Queesberry, il fut déchu de ses droits civiques et condamné à deux ans d'incarcération à la prison de Reading. Il y écrit un de ses plus beaux textes, *De Profundis*, avant de s'exiler à Paris où il meurt en 1900, déchu de ses droits paternels, ruiné et oublié de tous, sans avoir revu le ciel irlandais. Aujourd'hui, le 1 Merrion Square s'orne d'une plaque* à sa mémoire, et une statue à son effigie trône au cœur du square situé juste en face.

Y-Z

YEATS (WILLIAM BUTLER)

La quintessence de la poésie et de l'esprit irlandais. William Butler Yeats voit le jour en 1865, dans les faubourgs de Dublin, au 5 Sandymount Avenue, qui porte aujourd'hui une plaque à sa mémoire. Après une enfance passée à Dublin, il part quelques années à Londres, puis revient s'installer dans la capitale irlandaise où il s'inscrit aux Beaux-Arts. Il y fait une rencontre déterminante en la personne du poète George Russell, qui signait ses œuvres Æ, avec lequel il se lie d'amitié et qui l'initie à l'ésotérisme. Tous deux adhérèrent à la société secrète* à la mode en cette fin de XIXe siècle à Londres, l'Hermetic Order of the Golden Dawn, qui compte de nombreuses célébrités et dont Yeats devient l'un des maîtres quelques années plus tard. Une autre rencontre, elle aussi déterminante, est celle de la comédienne irlandaise Maud Gonne, affiliée aussi à la Golden Dawn, très engagée politiquement et qui l'entraîne à sa suite dans l'action nationaliste. 1893 est une date charnière dans le travail de Yeats : il publie *Le Crépuscule celtique* (*The Celtic Twilight*) qui passe pour la pierre angulaire de ses recherches, celle qui marque sa « celtitude » et autour de laquelle toute son œuvre future va tourner. Passionné par la culture et l'imaginaire irlandais, Yeats, avec le concours de Lady Gregory* et de Maud Gonne, crée l'Irish National Theatre Society en 1901, puis l'Abbey Theatre* dont il prend la direction pendant plusieurs années. Grâce à ce lieu spécifiquement dédié à la culture irlandaise, il va porter celle-ci sur le devant de la scène en montant des œuvres d'auteurs modernes, mais influencés par l'univers irrationnel, les mythes et les légendes du pays, et tout ce que Dublin compte en créateurs y aura désormais sa place. L'un des dramaturges les plus importants représentés à l'Abbey Theatre sera Synge*. En 1923, il reçoit le prix Nobel* de littérature avant de venir s'installer en France, un an avant sa mort en 1939, à Roquebrune-Cap-Martin. Après la Seconde Guerre mondiale, sa dépouille fut transférée à Drumcliffe Churchyard, dans le comté de Sligo.

YES

« Oui » à 66 % ! Le 25 mai 2018, les Irlandais mettent fin, par référendum, à des décennies de décalage social par rapport au reste de l'Europe. Jusqu'ici, toute femme ayant recours à l'avortement était lourdement condamnée. Une contrevenante risquait jusqu'à vingt ans de prison, la perpétuité dans certains cas. Ce paradoxe faisait de l'Irlande l'un des derniers pays en Europe (avec la Pologne et Malte) à interdire l'avortement, quelle qu'en fût la cause (viol, inceste ou risque pour la mère). De nombreuses affaires avaient régulièrement relancé le débat. En 1983, Sheila Hodgers, atteinte d'un cancer, n'avait pas pu poursuivre sa chimiothérapie, au prétexte que celle-ci risquait d'être néfaste pour le fœtus ; le cancer, qui se développa très rapidement, eut raison de la patiente après son accouchement. En 2012, le décès de Savita Halappanavar, 31 ans, avait fortement ému l'opinion publique. La jeune femme, qui faisait une fausse couche, s'était vue refuser une IVG; faute de soins rapides, elle fut victime d'une septicémie. En dépit de la prise de position inflexible de l'Église catholique, qui s'était déjà illustrée contre le mariage gay* en 2015, les Irlandais, révoltés par ces scandales à répétition, ont mis fin à l'interdiction de l'interruption de grossesse (Abortion Act) et permis à leur pays de se ranger, enfin, dans le camp de la majorité des pays occidentaux.

Z

Curieusement, la lettre *z* n'existe pas dans l'alphabet gaélique.

Pour compléter

LITTÉRATURE

Etienne BOURS, *La Musique irlandaise* (Fayard). Une étude savante sur l'histoire de la musique irlandaise.

Ray BRADBURY, *La Baleine de Dublin* (Folio). En 1953, le scénariste et écrivain américain est convoqué à Dublin par John Huston pour écrire avec lui le scénario de *Moby Dick*.

Michel DÉON, *Un taxi mauve* (Gallimard). L'arrivée de Sharon dans un petit village irlandais bouleverse le quotidien de Philippe, réfugié là depuis la mort de son fils, et de Jerry, le frère de la jeune femme, qui s'est exilé dans la région à la suite d'une sombre histoire.

Claude FIEROBE, *De Melmoth à Dracula* (Terre de Brume). Un ouvrage passionnant qui brosse un panorama complet de la littérature gothique irlandaise.

Histoires d'Irlande (Sortilèges/Les Belles Lettres). Une anthologie de 24 auteurs irlandais présentant l'Irlande sous différents angles : historique, traditionnel et rural, citadin, nostalgique et contemporain.

James JOYCE, *Ulysse* (Folio Classique). En 1904, le 16 juin, trois personnages, Leopold Bloom, Stephen

Dedalus et Molly Bloom, déambulent dans Dublin. Joyce écrit la version moderne de *L'Odyssée*. Une œuvre majeure de la littérature du XXe siècle.

Joseph Sheridan LE FANU, *Les Mystères de Morley Court* (Phébus). Dans l'Irlande du début du XVIIIe siècle, les amours contrariées d'une jeune fille aux prises avec le plan machiavélique ourdi par son père afin de la spolier de sa fortune. Le premier roman de Le Fanu sous-titré « Chronique de la vieille cité de Dublin ».

Frank MCCOURT, *Les Cendres d'Angela* (J'ai lu). L'enfance malheureuse et pauvre d'un gamin de Limerick dans les années 1930. Inoubliable.

John MCGAHERN, *Le Pornographe* (10/18). Un poète raté en est réduit à écrire des récits pornographiques pour pouvoir survivre dans le Dublin des années 1960. Un grand roman âpre qui lui valut d'être censuré.

Edna O'BRIEN, *Crépuscule irlandais* (10/18). Dans un hôpital de Dublin, la vieille Dilly attend la visite de sa fille Eleonora, romancière célèbre qui a fui l'Irlande pour vivre la vie dont sa mère rêvait quand elle était jeune.

Keith RIDGWAY, *Puzzle* (Phébus). Quatre personnages jetés au hasard dans Dublin, se croisent et vont au bout de leurs destins dans les bas-fonds et les quartiers chics de la capitale.

Bram STOKER, *Le Défilé du serpent* (Terre de Brume). Le jeune Arthur Severn, jeune héritier, part à la recherche d'un trésor perdu par les Français en 1798. Le seul et unique roman écrit par l'auteur de *Dracula* situé en Irlande, dans la région du Connemara.

CINÉMA

L'Homme tranquille (1952). Sean, un boxeur, rentre d'Amérique pour retrouver l'Irlande, sa terre natale, et y tombe amoureux de la belle Mary. Un classique de John Ford avec John Wayne et Maureen O'Hara.

La Fille de Ryan (1970). En 1916, Charles Shaughnessy, instituteur veuf d'une quarantaine d'années, épouse une jeune femme de vingt ans sa cadette. Celle-ci, déçue par son mariage, le trompe avec un major de l'armée en mission sur l'île, déclenchant un scandale dans le village. Réalisé par David Lean avec Robert Mitchum et Sarah Miles. Une flamboyante vision de l'Irlande traditionnelle du début du XXe siècle.

Gens de Dublin (1987). Subtile adaptation de la nouvelle *Les Morts*, tirée du livre de James Joyce, *The Dubliners*, réalisée par John Huston, avec Anjelica Huston, Donal McCann et John Huston. Un testament cinématographique.

The Crying Game (1992). Un soldat de l'armée britannique est enlevé par des membres de l'IRA afin de l'utiliser comme monnaie d'échange. Il sympathise avec son geôlier. Un film de Neil Jordan réalisé d'après une nouvelle de Frank O'Connor. Brillant.

Les Cendres d'Angela (1999). Le film aux 5 nominations est une habile adaptation du livre de Frank McCourt réalisée par Alan Parker, avec Ronnie Masterson, Robert Carlyle et Emily Watson.

Agnès Brown (1999). L'histoire d'une femme du peuple qui, à la suite du décès de son mari, doit s'occuper seule de ses sept enfants dans le Dublin des années 1960. Le premier film en tant que réalisatrice d'Anjelica Huston.

Le vent se lève (2006). Un étudiant abandonne ses études de médecine afin de rejoindre l'IRA pendant la guerre d'indépendance. Grand film épique de Ken Loach.

Les Fantômes de Dublin (2011). Documentaire de 26 minutes de Jean-Michel Ropers, évoquant les rapports entre la ville et quatre grands écrivains fantastiques dublinois : Le Fanu, Stoker, Wilde et Yeats.

Jimmy's Hall (2014), En 1932, après un exil de dix ans aux États-Unis, Jimmy Gralton rentre au pays aider sa mère à s'occuper de la ferme familiale. En ouvrant une école de danse dans son village, il s'attire les foudres de l'Église catholique. Toute la rudesse et la chaleur de l'Irlande transparaissent dans ce film de Ken Loach.

MUSIQUE

Ludwig van Beethoven, *Irish & Scottish Songs* (Naïve). 25 mélodies traditionnelles remises en musique par le maître de la musique symphonique.

Clannad, *Pastpresent* (BMG). Quelques grands titres du groupe devenus des classiques : *Theme from Harry's Game*, *The Hunter*, *Newgrange*, etc.

The Corrs, *Talk on Corners* (Atlantic 143 records) avec *Only When I Sleep*, *What Can I Do*, *So Young*, *Paddy McCarthy*, etc. Le disque de tous les succès.

Dublin Songs (K-Tel Ireland Ltd). Une compilation de morceaux traditionnels irlandais interprétés par divers groupes et chanteurs du cru : The Dubliners, The Fureys and Davey Arthur, Paddy Reilly entre autres.

Enya, *Paint the Sky With Stars. The Best of Enya* (Warner). La compilation des 16 plus grands tubes de la chanteuse irlandaise (*Orinoco Flow*, *Book of Days*, *Anywhere Is*, etc.).

Sinéad O'Connor, *I Do Not Want What I Haven't Got* (Chrysalis). Le second album de la chanteuse irlandaise sur lequel figure son tube : *Nothing Compares 2U.*

The Pogues, *Rum, Sodomy And The Lash* (Stiff Records). L'album de la révélation contenant la désormais mythique chanson *Dirty Old Town.*

Claire Roche, *Dancing in the Wind* (CMR). Dix poèmes de William Butler Yeats mis en musique par Claire Roche. Une belle ambiance poétique relevée par une voix angélique accompagnée à la harpe celtique.

Renaud, *Molly Malone, La Balade irlandaise* (Virgin). Quelques classiques de la chanson populaire irlandaise repris en français par le créateur de *Mistral gagnant.*

U2, *War* (Island). L'album mythique qui a consacré le groupe avec *Sunday Bloody Sunday* et *New Year's Day.*

Remerciements

Un grand merci à Marion Mossu du Collège des Irlandais à Paris pour son aide précieuse au cours de la rédaction de ce livre.

Merci à Louis Cornet pour ses relectures avisées.

Merci aussi et surtout à Bram Stoker grâce à qui la passion de l'Irlande et de sa culture s'est enracinée en moi au fil des années. Merci à son fantôme et à celui de Joseph Sheridan Le Fanu qui m'ont guidé et entraîné dans leur sillage à chacun de mes séjours dublinois.

Un grand merci tout particulier à Jacques Finné, remarquable relecteur, pour ses conseils amicaux et éclairés !

Dépôt légal de la première édition : mai 2017
Deuxième édition : novembre 2020
Imprimé en Espagne